99 *pasos* *para una* *vida* *creativa*

MELISSA HARRIS

Grupo Editorial Tomo, S.A. de C.V.
Nicolás San Juan 1043,
03100, Ciudad de México

1.ª edición, octubre 2016.

Traducción de:
99 Keys to a Creative Life: Spiritual, Intuitive, and Awareness Practices for Personal Fulfillment
Copyright © 2015 Melissa Harris
Publicado por Llewellyn Publications
Woodburry, MN 55125, U. S. A.
www.llewellyn.com

© 2016, Grupo Editorial Tomo, S. A. de C. V.
Nicolás San Juan 1043, Col. Del Valle
03100, Ciudad de México.
Tels. 5575-6615, 5575-8701 y 5575-0186
Fax. 5575-6695
www.grupotomo.com.mx
ISBN-13: 978-607-415-784-0
Miembro de la Cámara Nacional
de la Industria Editorial N.° 2961

Traducción: Maika Wallace
Diseño de portada: Karla Silva
Foto de portada: ©iStockphoto.com/ArtLana
Formación tipográfica: Marco A. Garibay
Supervisor de producción: Leonardo Figueroa

Este libro se publicó conforme al contrato establecido entre
Llewellyn Publications y *Grupo Editorial Tomo, S. A. de C. V.*

Impreso en México - *Printed in Mexico*

ÍNDICE

Pasos para la conciencia: ¡Atención, las oportunidades creativas están a nuestro alrededor!

**Pasos intuitivos o basados en el corazón:
Permite que tu brújula interna te guíe**

Pasos espirituales o basados en el alma: Establecer o fortalecer tu conexión con lo divino

Dedicatoria

Este libro está dedicado a quienes creen
o se les ha dicho que no son creativos
y anhelan ejercitar esa parte de su ser.
Todos somos creativos.
Disfruta usar este libro para abrir tu imaginación.

Reconocimientos

El tema de este libro trata exactamente de dónde he encontrado una luz en mi vida. Primero, me gustaría agradecer a Angela Wix de Llewellyn por encontrarme en una exposición e invitarme a escribir un libro sobre el enfoque de mi vida. ¡Estaba predestinado! Un agradecimiento especial a tu personal en Llewellyn por toda su ayuda en este proyecto. Mucho de lo que he aprendido y aplicado en mi vida diaria y espiritual son herramientas que aprendí de las conferencias de Pathwork. Las conferencias de la Guía Pathwork 258 se transmitieron durante muchos años por medio del canal espiritual de Eva Pierrakos. Estas enseñanzas fueron traídas por una entidad espiritual conocida como "la Guía". Un gran agradecimiento a Eva, La Guía y a todos los involucrados en transmitir la sabiduría encontrada en estas enseñanzas. No podría haber terminado ningún proyecto que involucre escribir sin la ayuda de Ja-lene Clark, un genio creativo y escritora que hace magia al ayudar a otros a extraer el contenido y convertirlo en un trabajo terminado. Muchísimas gracias también a Joanne Sprott por sus precisas habilidades editoriales. Gracias a Kent Robison por su incansable ayuda para hacer mandados, cuidar al gato, apilar madera y apoyo en general. Gracias a mi papá, Donald Harris, por su amor y apoyo. Agradezco a todos los que me desalentaron de volverme artista de profesión porque al hacerlo me ayudaron a conectarme con mi fuerza y determinación interior. Finalmente, gracias a todos los que he encontrado en mi amor por el proceso creativo, incluidos mis maestros y alumnos, porque todos somos maestros de todos. Ah, y gracias a Timmy, el gato que me hizo compañía en el teclado durante la escritura de este libro.

Introducción

Una de mis más grandes alegrías en la vida es ayudar a la gente a desarrollar su creatividad. Me sorprende la cantidad de personas que me dice que los desalentaron de sus varios esfuerzos creativos durante la primaria o la secundaria. Tal vez les dijeron que no eran buenos para dibujar, alguien se rio de su reporte sobre un libro o no lograron sobresalir en el club de canto, pero tenían muchas ganas de cantar.

Somos especialmente vulnerables a la crítica durante la etapa escolar, el hecho de que nos digan que no somos creativos puede resultar en cicatrices que pueden requerir años de trabajo interior para borrarse. Demasiadas críticas pueden reprimir la creatividad para siempre. Al dar mis talleres de arte, disfruto mucho ver a quienes se han alejado del arte durante años y que, con gran inquietud, han encontrado el valor para asistir. Veo mientras dan sus primeros pasos en el arte y poco a poco se sienten más cómodos a medida que avanza el taller. Incluso si algunos alumnos no siguen haciendo arte, han conquistado un demonio al aprender a crear. Enfrentar nuestros miedos es inspirador.

Si ya tienes una capacitación y te sientes cómodo en tu proceso creativo, estos pasos pueden ayudarte a afinar y profundizar más en tu infinito pozo de creatividad. Para quienes se consideran creativos, pero han estado alejados de su arte por considerarse bloqueados, estos pasos pueden servirles como herramientas para ayudarles a reactivar su creatividad. Si nunca te has considerado una persona creativa, espero que te abras a nuevos caminos para definir la creatividad y descubras ricos recursos dentro de ti.

En *99 pasos para una vida creativa* te invito a descubrir que cuando censuras tus pensamientos e ideas y las menosprecias como si no valiera la pena considerarlas, sigues el círculo vicioso de apagar lo que podría ser una gran idea antes de concebirla siquiera. Cuando nos cerramos, nuestra energía se debilita, nos entran las dudas y reforzamos las falsas nociones de que no podemos o no merecemos acceder a nuestra propia creatividad.

Los muchos pequeños actos que realizamos todos los días, las bases mecánicas para nosotros mismos y los demás, pueden ser puentes para aprender a ver los aparentemente ordinarios detalles de forma diferente. Otras ocasiones es nuestro enfoque interior el que nos permite emplear nuestras habilidades creativas para comenzar a cambiar nuestras vidas en las direcciones que nos darán más felicidad. Mi objetivo al escribir este libro es ayudarte a encontrar tus puentes creativos usando estas pasos para establecer nuevas rutinas o patrones de pensamiento que apoyen o ejerciten la creatividad.

La creatividad no es solo pintar, escribir o hacer algo tangible que podamos ver, escuchar o tocar; la creatividad es salirnos de la forma en que normalmente pensamos o actuamos y dejarnos ver muchas situaciones desde puntos de vista diferentes. Es un estado del ser que podemos aplicar casi todo el día para trascender la forma en que normalmente vemos nuestros mundos internos y externos. También se puede describir como un músculo: mientras más la usamos, más natural y fácilmente funciona por sí sola. Para fortalecer esta capacidad debemos usar nuestra voluntad y nuestro deseo para meter en foco a nuestra atención creativa tanto como podamos.

Yo he creado desde que tengo uso de razón, según mis padres, la única forma de callarme era darme crayones y papel. Cuando me cansaba de eso, salía y "me perdía" en la naturaleza. Me sentaba en la copa de un árbol alto durante horas, sintonizándome con las aves, insectos, nubes y cualquier otra cosa que se me atravesara; episodios de clarividencia fueron rociados en mis días y mis sueños.

En mis veinte, me sumergí en el mundo de la metafísica y comencé a canalizar pocos años después. Las sesiones de canalización se convirtieron en sesiones de sanación con las manos, en las que mis guías me enseñaron a poner mis manos sobre secciones del cuerpo de la gente y hacer diferentes sonidos, una técnica que ahora conocemos como entonación. Me inscribí en la Escuela de Sanación Barbara Brennan para aprender más sobre aquello a lo que había sido llamada.

Como no tenía tiempo para la sanación energética y mi arte, volqué toda mi atención en mi carrera artística. Sin embargo, debido a que el papel de sanadora es una gran parte de lo que he llegado a ser, sabía que encontraría mi forma de conectar ambos aspectos de mi ser. Con el tiempo, encontré formas de combinar mis habilidades en las clases de arte, con mis publicaciones de cartas, impresiones, calendarios y otros artículos con imágenes cuya intención era inspirar a otros. Regresé a las sesiones de lectura psíquica y añadí la opción de ilustrar lo que veía en una sesión, en mi pintura personal que llamo Retrato de la Esencia Espiritual. En *99 pasos para una vida creativa* te ofrezco toda la información, pasos, atajos y herramientas que descubrí en el camino.

En este libro también comparto contigo las prácticas espirituales, intuitivas y de conciencia que uso para mantener y expandir mi lado creativo. Mis experiencias y la capacitación que recibí en mi vida como alumna y maestra espiritual, sanadora, psíquica, homeópata y artista se fusionan en este libro. Ofrezco formas fascinantes de aplicar la espiritualidad a tu proceso creativo, así como ideas sobre aplicar los principios espirituales para mejorar tu conexión individual con el Espíritu.

Cómo usar este libro

He dividido el libro en tres secciones porque estos tres aspectos son vitales para expandir nuestra capacidad de crear. Puedes usar el libro de varias formas, tal vez quieras seleccionar la sección donde te sientas más fuerte y avanzar desde ahí. Por ejemplo, si ya sabes que tus capacidades intuitivas están trabajando para ti, este es un excelente lugar para empezar porque ya tienes bases fuertes. O tal vez decidas leer un solo paso si solo tienes un momento. Concéntrate en una sección hasta que te sientas cómodo. Alternativamente, puedes leer el libro de principio a fin si quieres. Avanza a tu ritmo, consúltalo con frecuencia.

Todas las prácticas enfatizan cómo nuestro poder creativo está dentro de nosotros, en preparación para este viaje, yo te recomiendo que tengas a la mano una cámara, un diario o libreta y tal vez un dispositivo para grabar sonido; todos son buenas herramientas para las almas creativas.

Tú también puedes abrir la puerta a una vida más creativa. Este libro es para quienes ya son creativos y quieren encontrar un nuevo nivel de satisfacción y para principiantes de cualquier edad que quieran embarcarse en un nuevo camino creativo. Estos pasos para la creatividad tienen el poder de llevarte a un nuevo nivel de inspiración, felicidad y alegría. Nuestras prácticas diarias pueden transformar lo ordinario en extraordinario y darnos la oportunidad de vivir a un alto nivel de satisfacción personal. ¡Disfruta el viaje!

PASOS PARA LA CONCIENCIA:

¡Atención, las oportunidades creativas están a nuestro alrededor!

Es fácil perderse mientras se mantiene una vida ocupada, en ocasiones caótica, la ronda escolar, la escuela, el trabajo, cuidar a los niños, la cena, las vacaciones, y terminamos ignorando todo lo demás en nuestro camino inmediato. Si estamos siempre preocupados con la siguiente tarea u ocupados preocupándonos, podríamos no notar el paisaje por el que acabamos de pasar y que podría convertirse en una gran pintura, o la canción en la radio que podría inspirar la creación de un nuevo personaje de nuestra novela. Estos regalos pueden ser inspiraciones para ideas creativas y oportunidades de crecimiento interno. La discusión que acabas de tener con tu compañero de trabajo podría convertirse en una experiencia positiva al usar tu conciencia para ver más de cerca todos los ángulos de la situación. Al hacerlo, tal vez puedas entender dónde necesitas crecer y solicitar ayuda en tu desarrollo personal.

Estar consciente significa estar despierto y presente de forma que reconozcas incluso las sutiles cosas que pueden estancarte o impulsarte. Estos son pasos mentales, emocionales y físicos para ayudarte a estar más atento, lo que puede prepararte para tomar decisiones que te lleven a tener más creatividad. En esta sección consideramos muchos aspectos de nuestras vidas y seguimos nuestras necesidades creativas incluso en las más pequeñas acciones para ayudar a que la creatividad se vuelva un hábito. Aprendemos a observar cómo lo ordinario se convierte en extraordinario y nos volvemos capaces de disfrutar plenamente las creaciones de los demás. Nuestro compromiso con la conciencia puede mostrar al Espíritu que hemos tomado la decisión de vivir a un alto nivel de plenitud personal y creativa.

Solía sentirme culpable de soñar despierta al grado que me causaba problemas para lograr cosas. Cuando estaba en la escuela, mi mente estaba lejos de mis estudios, porque estaba pensando en salir y jugar, y después, ocupada pensando qué quería pintar. De hecho, puse un libro en mi pequeño escritorio y escondí un dibujo detrás, ignorando por completo el tema de la clase. Mis calificaciones eran bajas en las materias que no me llamaban la atención, como podrán imaginarse.

Más adelante, me di cuenta que este hábito de permitirle a mi mente vagar no me servía y decidí atacar el problema. Me esforcé en averiguar dónde estaba mi conciencia en cierto momento y me sorprendió la frecuencia con la que mi mente estaba en otra parte una vez que me hice el hábito de hacer ejercicios que se encuentran en los pasos de esta sección. Tú también debes poder notar rápidamente que tu mente divaga menos y tú te concentras en una tarea, terminas las cosas de forma más eficiente. Tal vez tardes meses en notar los cambios, dependiendo de tu atención, pero no te desanimes, la recompensa de una mayor capacidad de concentrarte bien vale la pena. Estos ejercicios son especialmente útiles cuando estamos en un periodo de problemas emocionales.

Las prácticas de conciencia mejoran nuestra capacidad de saber qué mejora nuestra creatividad y promueven la paz interior. La conciencia forma una base, una plataforma, desde la que podemos desarrollar los pasos en todas las secciones (los pasos intuitivos y espirituales en el libro comienzan con la conciencia). Si estás funcionando con una máxima conciencia, las cosas ocuparán su lugar más fácilmente y tus facultades creativas se dispararán porque estás presente para abrirte a la inspiración y recibir las ideas que lleguen. La conciencia nos pide que abramos los ojos, oídos, corazón y mente. Cuando estamos alertas estamos disponibles para recibir la inspiración creativa desde fuentes infinitas, nos estamos encargando de nuestra salud, responsabilidades y relaciones para estar libres del desorden. Trabajar con los pasos en esta sección ayudará a eliminar obstáculos y limpiar el camino para un óptimo flujo en tus creaciones. Tomamos más responsabilidad de nuestras relaciones cuando estamos conscientes de la dinámica de la energía con los demás.

Estos pasos te piden enfocarte en tus alrededores, relaciones o salud física. Todo esto influye en la forma en que estamos disponibles para recibir la inspiración creativa y ponerla en movimiento. Si caminamos por la niebla nos perdemos mucho de lo que podría integrarse en una vida más creativa; si dejamos de participar en relaciones que ya no funcionan, perdemos la energía de la fuerza de la vida y estamos viviendo y/o trabajando en ambientes que no nos hacen sentir bien, podemos usar esta oportunidad para crear espacios felices.

Las creaciones de otros pueden tener un impacto positivo en las nuestras: ¿Estás saliendo lo suficiente, leyendo lo suficiente y escuchando lo suficiente para saber qué disfrutas y qué te inspira? ¿Estás siguiendo alguna necesidad curiosa que podría llevarte a mayor satisfacción creativa?

Imagina iniciar tu día poniéndote unos lentes que agudizan todo lo que se te pone en el camino. La conciencia es tuya con un poco de esfuerzo y enfoque, disfruta los beneficios de poner las cosas en su lugar con mucho menos esfuerzo. ¡Tus esfuerzos creativos florecerán con más abundancia y poder porque estás despierto y alerta...! ¡Hurra!

1. Respirar

Respirar, parece algo que no deberías tener que contemplar, es automático, algo dado, una cosa menos con que lidiar ¿verdad? En realidad, no, la mayoría de las personas no se sintonizan con su respiración y la dan por sentada. La simple conciencia de nuestra respiración puede mejorar nuestra salud mental y física. Por ejemplo, ¿te has atrapado conteniendo la respiración? ¿Sabías por qué lo estabas haciendo? Puedes usar la respiración para enviar tu atención y energía a ciertas partes de tu cuerpo y de esta forma aumentar la conciencia de tu cuerpo, así como estimular la energía sanadora.

Las emociones afectan nuestros patrones de respiración, a medida que avanzas en el día, comienza a notar lo que pasa en tu cuerpo mientras experimentas diferentes emociones. Cuando tengo miedo o estoy ansiosa, tiendo a contener la respiración. Nada se mueve, es como una parálisis. Traer mi conciencia a mi respiración y dejarla moverse a través de mi cuerpo me da una inmediata sensación de alivio. Para acelerar el proceso de sanación, me imagino que respiro por cada parte de mi cuerpo que necesita sanar. Alternativamente, noto que cuando estoy emocionada o contenta automáticamente respiro con mayor profundidad. Cuando estoy relajada, me es más fácil calmarme en mi proceso creativo. Si estoy preocupada, pienso en lo que causó mis preocupaciones, lo que disminuye mi deseo de crear y disminuye mi capacidad de concentrarme en un proyecto.

Por suerte, hay muchas formas de aprender a involucrarnos con nuestra respiración; casi todo el ejercicio físico, y especialmente las artes marciales y el yoga, enfatiza y utiliza buenos hábitos de respiración. Yo recomiendo especialmente el kundalini yoga porque el principal enfoque está en la respiración. Si estás tenso, considera trabajar en tus ejercicios de respiración o participar en una actividad física antes de iniciar tu aventura creativa.

Aprende a sintonizarte y mantener la conciencia de cómo tu respiración circula por todo tu cuerpo, una vez que domines esta conciencia tendrás una mejor sensación de bienestar y se mejorará la productividad, lo que puede acelerar tu creatividad.

2. Definir el éxito

¿Cómo defines el éxito? Es fácil quedar atrapado en definir nuestro éxito en pesos, prestigio, o el número de CD vendidos ¿El éxito es terminar tu CD, novela o pintura? ¿Es que otras personas te admiren o admiren tu trabajo? ¿La victoria es el número de unidades vendidas? A muchos de nosotros nos enseñaron a creer que el dinero es igual al éxito, pero yo he encontrado muchas personas ricas que no están satisfechas con sus vidas. Te invito a contemplar cómo defines *tú* el éxito, *tu* opinión es la más importante. Tal vez es tener una vida familiar pacífica, suficientes recursos para viajar, contar con buenos amigos o alrededores hermosos. Estos componentes son populares para muchos, pero esta es una pregunta individual para cada uno, para definir nuestra fórmula única para el éxito.

Si no estás seguro qué significa éxito para ti, toma una semana de tu vida y haz un diario de cada día, anotando sus altas y bajas y cómo manejaste dichos sentimientos. Comenzarás a descubrir patrones y con suerte lograrás un claro entendimiento de qué es lo más importante para ti. Tal vez descubras durante esta semana que las situaciones o interacciones que te dan la mayor alegría no eran las que habrías esperado. Usa esta información como herramienta para redefinir o refinar lo que hace cantar a tu corazón. Puede ser tan simple como descubrir que has encontrado una nueva habilidad de comunicarte claramente con un amigo o compañero de trabajo. Tal vez sea que pudiste llegar a una nota a la que antes no lograbas llegar en tu instrumento musical. O tal vez descubras que puedes entender una tecnología que te parecía muy compleja antes de este esfuerzo.

Debido a que idealmente siempre estamos creciendo y cambiando, las formas en que definimos el éxito también cambiarán. ¿Puedes fluir con estos cambios o estás atorado en viejas ideas de lo que pensabas que querías crear? Existe una libertad que va de la mano de la flexibilidad al permitir el cambio continuo.

Reconoce tus éxitos, sin importar el tamaño de cada movimiento positivo hacia delante, son *tus* éxitos, ¡valóralos! Al definir el éxito para ti, podrás usar tu creatividad para desarrollar tu propia versión de una vida exitosa.

3. Establecer intenciones

Nuestras creaciones comienzan estableciendo intenciones, estar muy claro en lo que quieres crear y establecer tu intención de hacerlo.

Con frecuencia le pido a la gente que comparta tres cosas que les gustaría crear en su vida, ya sean bienes materiales o cualquier otra cosa, y me sorprende el número de personas que no lo han pensado. Escribí lo siguiente en una de mis tarjetas llamadas Revolucionando nuestros sueños *(Spinning Our Dreams)* —*"¿Cómo podemos manifestar nuestros sueños si no sabemos cuáles son? Esta pregunta se me ocurrió hace mucho, así que me senté a tejer mi telaraña de sueños".*

Ten claro qué cambios deseas traer a tu vida, si hay alguno, si tus deseos no son lo más importante en tu mente, tómate tiempo para interiorizarte y escribir lo que sale de ti cuando te haces la pregunta. O tal vez estés completamente satisfecho en la vida ¡maravilloso! Tu intención puede ser volverte creativo en la forma en que sirves a los demás.

Una vez que hayas establecido tus intenciones, da los pasos necesarios para hacerlas realidad. A veces descubrimos que estamos inmovilizados, esto puede pasar por el miedo al fracaso o por no saber qué hacer. Tal vez no veas tu camino hacia la proverbial meta, pero lo más seguro es que podrás encontrar un diminuto movimiento hacia ella. Escribir sobre esto te ayudará a conocer tu progreso. En ocasiones pensamos que no está pasando nada, pero cuando tenemos una forma de revisar nuestros éxitos, nos podemos sorprender de lo que hemos logrado.

La creatividad entra en juego en los pasos que damos hacia delante. Ponte tu gorra de la creatividad, siéntate y establece intenciones claras.

4. ¿Público interno o externo?

Antes de comenzar un proyecto creativo tómate un momento para considerar a tu público. Si estás trabajando en un proyecto por encargo, obviamente necesitas tomar en cuenta los gustos de otros. Al aceptar un encargo ya tomaste la decisión de estar dispuesto a complacer a alguien, incluso si el proyecto resultante no sea tu creación ideal. Crear para otros es genial, siempre que sepamos lo que estamos haciendo. Sin embargo, puede haber viejas voces en tu cabeza de las que no estés consciente y que influyan en tu creatividad.

Cuando comencé mi compañía de tarjetas, publicaba las imágenes que me gustaban a *mí*, sin considerar lo que realmente vendería. Aprendí de mala forma que lo que me gusta a mí está muy lejos de lo que tiende a venderse mejor, porque las imágenes que me gustan más son las más oscuras, profundas e intensas, con mucho misterio. En una tarjeta la gente normalmente busca algo luminoso e inspirador. Antes de iniciar esta empresa nunca había considerado lo que deseaba el público.

A medida que pasó el tiempo, las imágenes que pintaba para mí (sin considerar las tarjetas) se volvieron más autoconscientes, menos sueltas y libres, porque yo me había acostumbrado a pensar quién las vería y en este momento, si venderían. El dicho "baila como si nadie estuviera viéndote" tiene algo de cierto, porque al hacerlo hay libertad artística. Una fuerza sutil se refleja en el trabajo que surge fácilmente cuando uno no está pensando en un público. Mi propio trabajo tiende a ser mejor cuando pinto lo que me sentí llamada a pintar. Sin embargo, si estoy trabajando en un encargo, tener tanta información como sea posible sobre el resultado deseado me ayuda a guiarme.

Otro aspecto de saber para quién estás creando es liberarte de insanas influencias pasadas, tal vez te criticaron de formas que te hicieron dudar expresarte. La retroalimentación que recibiste en el pasado puede no ser relevante para tus creaciones actuales. Te invito a estar consciente de cualquier juicio pasado relacionado con tus esfuerzos para poder dejar ir y abrirte a lo que quieres que surja *ahora*.

La próxima vez que estés listo para lanzar una idea, tómate un tiempo para revisar si hay voces extrañas que influyan en tu creación. Este paso te ayuda a lograr y mantener la claridad sobre lo que realmente quieres expresar.

5. Buscar inspiración

¿Sabes qué te inspira? Las primeras veces que me lo preguntaron, me tardé unos momentos en encontrar la respuesta. Fue una buena pregunta porque me ayudó a entender mejor exactamente qué había hecho fluir mis instintos creativos. Mis inspiraciones cambian, pero algunos de los ingredientes básicos siguen siendo los mismos.

Cuando estamos pasando por la vida de forma rutinaria, podemos no ver el más simple de los placeres, como el primer canto de aves al final del invierno. Tal vez te pongas una camiseta amarilla y ni siquiera reconoces que lo haces por los brillantes brotes que florecen fuera de tu ventana. Haz uso creativo de las cosas simples en tu día para abrirte más a la creatividad.

Mientras avanzas en el día, nota qué te llama la atención. ¿Ves programas matutinos en la televisión para prepararte para el día? ¿Has aprendido algo ahí que quieras hacer? Si es así, ¿lo anotaste? ¿El color del vestuario del conductor te inspira a vestirte de forma similar? ¿Has visto el comercial de una película o espectáculo que quieras ver? O, ¿prefieres el silencio, posiblemente la meditación, cuando inicias el día, dejando tus pensamientos surgir de tu consciente aun despertando? ¿La belleza de la forma en que cae la luz en el alféizar te ha hecho detenerte y disfrutarla? ¿La parvada de gansos que viste en tu camino a casa desde el trabajo, anunciando la llegada del invierno, te ha hecho detenerte y reflexionar en la estación y las emociones que puede evocar?

Las ilustraciones pueden ayudarte a inspirarte, disfruta ver la red social Pinterest, crea tu propio tablero y ten una lista de cosas que te inspiren, incluso puedes clasificarlas como "inspiraciones".

Si tienes problemas para conectarte con tus inspiraciones, adéntrate en tus pensamientos sobre lo que te ha inspirado en el pasado, ten tu lista a la mano y agrégale cosas. Puedes ver tu lista cuando busques ideas creativas.

Disfruta de una variedad de pensamientos creativos mientras usas este paso para aumentar el disfrute de la vida diaria.

6. Documentar

Recomiendo llevar contigo una cámara, libreta o grabadora *a donde vayas*. Estos son recursos poderosos para tener a la mano e inspirar tu creatividad. Si eres un artista visual, tal vez puedas crear un archivo para guardar fotos para tu inspiración futura. Los músicos pueden grabar y guardar sonidos en su ambiente para recurrir a ellos más adelante. Escritores, lleven una libreta con ustedes y estén listos para tomar notas.

Como pintora, siempre estoy abierta a lo que pueda ser material de interés para mis futuras pinturas. Mis amigos saben lo que está pasando cuando digo "Detente ahora" cuando algo llama mi atención. Si no puedo detenerme para pintar, tomo una foto y la tengo a la mano para después. He aprendido a la mala que es fácil perderse las oportunidades. Cuando he regresado a un paisaje que quería pintar, la luz ya es totalmente diferente y no me inspira para nada.

Uso mis recursos recopilados como combustible en los momentos en que estoy entre pintar series y enfrentarme al proverbial lienzo en blanco, entonces puedo sacar mi útil archivo de fotos que guardo solo por esa razón. Mi archivo está dividido en secciones que tienen sentido para mí: mariposas, animales salvajes, nubes y más. Puedo estar en medio de una pintura que necesita un algo adicional y aunque tal vez no tenga planes para lo que es ese algo, saco mi archivo, veo las imágenes y obtengo ideas.

Tengo una amiga músico, Lorah Yaccarino, que graba sonidos a donde va, incluso si los sonidos no son "musicales". Usa estos sonidos en sus composiciones en varias formas creativas. Yo disfruto particularmente escuchar cómo integró una vieja grabación de sonidos callejeros de la ruda sección de venta de drogas del lado este de Nueva York en un fondo de sonido en una producción teatral.

Como maestra, siempre busco ideas que puedan servirme como temas para mis talleres de creación de arte. En ocasiones puede ser un tema simple que se menciona en una conversación casual y que me inspira a usarlo en un futuro curso. O alguien puede decir algo sobre su proceso creativo y yo tomo nota y lo aplico con mis alumnos en clases futuras si hay una conexión. Escribo el contenido y hago bocetos. Llevo una libreta en el auto en un lugar fácil de alcanzar en caso de tener una idea, o por si escucho una canción que quiero usar en mis clases. Nunca sé cuándo las cosas se volverán útiles.

Si sabes que te emociona, que hace surgir ese "Ah, eso sería buenísimo para un _____", nunca perderás la inspiración si tienes tu biblioteca de referencias registradas.

7. ¡Buscar tiempo para jugar!

Vacaciones, días libres, días de juego; todos nos distancian de nuestra vida diaria y nos dan la oportunidad de frenar y darnos tiempo para disfrutar. Cuando estamos atrapados en la rutina podemos olvidar darnos tiempo para sentir placer. Con frecuencia es en nuestro tiempo "fuera" cuando estamos más abiertos a lo que nos estimula de formas nuevas. Aquí nos concientizamos de las actividades que nos hacen felices. Haz un compromiso de apartar tiempo para ellas, ¡juega!

Algunos de ustedes pueden ser del "tipo que le gusta la rutina" por naturaleza. Muchos se sienten más cómodos viviendo la vida dentro de algún tipo de estructura. La estructura puede dar un sentido de seguridad, organización y paz, sin embargo, podemos encontrarnos atrapados en una rutina sin darnos cuenta. ¿Puedes recordar fácilmente la última vez que hiciste algo fuera de lo ordinario? Yo reconocí hace mucho que hacerme tiempo para jugar ayuda mucho para estimular mi proceso creativo. Debido a que trabajo en casa, es importante para mí ver e interactuar con otros para mantener viva mi creatividad. Siempre estoy interesada en lo que hace a la gente lo que es y he integrado esa curiosidad en mi trabajo de formas directas e indirectas. También disfruto observar las personalidades de las personas al ser parte de un juego de póker muy largo. Soy partidaria de indagar en una cara de póker.

Para mí el placer no necesariamente es extravagancia o una actividad costosa. ¿Sabes que pone "diversión" en tu vida, ya sea pasar tiempo con la familia, leer a tu escritor de misterio favorito o ver una película de aventuras? Tal vez ver a tus amigos es lo que te da más alegría, o darte tiempo para intentar una nueva tentadora receta.

Cuando sé que tengo un bloqueo de tiempo muerto, me aseguro de programar una actividad que me cause placer, para tener muchas actividades divertidas en mi banco de "recarga" a las cuales recurrir. Como tengo mi propio negocio, puedo mantenerme involucrada en lo que se tiene que hacer fácilmente, así que programo actividades en los bloqueos de "tiempo muerto".

¿Qué te da felicidad? Si no tienes algo planeado en el futuro cercano, ve a tu agenda ahora y prográmalo.

8. Nutrir/hacer caso a la curiosidad

Una vez iba caminando por unos hermosos jardines públicos con una amiga, era un día caluroso y ella ya estaba cansada, yo tenía mucho calor, pero había un área a nuestra derecha que me llamaba fuertemente, tenía que escuchar. Mientras rodeábamos la curva, encontramos lo que resultó ser la mejor y más mágica y encantadora sección de todo el paseo. Tomé fotos para trabajar en ellas después, fotos que sé que terminaré usando de muchas formas en los próximos años, le hice caso a mi curiosidad... tenía que saber qué había después de la curva ¡y valió la pena!

La curiosidad puede ser la guía a tu próximo proyecto creativo, permítete seguir tus necesidades inquisitivas. En este paso aprendemos cómo seguir estas corazonadas puede promover nuestra creatividad. La creatividad es básicamente un "llamado" y nuestros llamados son guías a nuevas direcciones o expansiones de las viejas.

Tal vez te has preguntado cómo un artista obtiene ese suelto y sin esfuerzo efecto en una acuarela, o cómo se produce un sonido en una canción que te gusta, o tal vez admires un jardín por el que pases. Con frecuencia es más fácil para nosotros investigar estas preguntas dentro de nuestro campo de experiencia, pero cuando nos salimos de nuestra zona normal, en ocasiones descubrimos regalos que terminan alimentando otras áreas de nuestra vida. No tengo mucha experiencia con un martillo y un taladro, pero cuando he querido averiguar cómo hacer algo ha sido la proverbial "madre de todos los inventos" para mí. He conocido muchas mujeres y hombres que disfrutan pasear por los pasillos de las tiendas de herramientas, dejando su mente vagar pensando en cómo usar los aparatos que les dan curiosidad. Si tienes un jardín y te imaginas cómo se vería una nueva planta en medio de lo que has establecido, sigue ese instinto y disfruta tu nueva vista.

A veces el miedo precede a nuestra curiosidad, tal vez queremos explorar un nuevo medio o aprender a bailar tango, pero descubrimos que el miedo se interpone en nuestro camino. Sugiero que averigües qué te detiene si te sientes atraído a algo y no estás respondiendo el llamado.

Yo soy muy curiosa, y la mayor parte del tiempo me ha servido. No podemos saber cómo podría funcionar algo hasta que seguimos nuestra necesidad curiosa de explorar. Acepta tu curiosidad como una herramienta útil.

9. Sanación a través del sonido

Mi padre solía volvernos locos a mis hermanos y a mí con su constante canto, cuando le pregunté a mi madre por qué no le molestaba, me dijo que cantar era la forma de papá de mantenerse alegre. No es que uno pueda hacer una comparación literal, pero al ver cómo los esclavos de este país se mantienen trabajando con sus canciones de góspel, me es más fácil entender. Yo no soy cantante, pero he notado que si estoy de buen humor, me descubro cantando.

¿Qué papel juega el sonido en tu vida? ¿Escuchas la radio o un CD mientras manejas? Tal vez pones música suave en la mañana para comenzar el día y en la noche cuando quiere calmarte. Tengo amigos con insomnio que usan música suave para dormir. ¿Esperas el sonido de las aves como una señal de la primavera después de un largo y tranquilo invierno? ¿El ronroneo de tu gato te pone una sonrisa en el rostro? Llama a tu conciencia para entender lo que elijas, cuando lo elijas, y la razón. Esto te dará una mejor comprensión de cómo usamos el sonido. He conocido escritores que escuchan todo tipo de música, incluso a Led Zeppelin, para entrar en un estado en el que puedan recibir su inspiración creativa. Yo casi nunca pinto sin música, elijo canciones específicas de una gran variedad de estilos, pero todas me ayudan a entrar en una especie de trance para que mis ideas fluyan.

Cantar, tararear, tocar cuencos de cristal y gongs y tocar la batería son grandes herramientas para el bienestar. Diversos tipos de cuencos tibetanos y gongs son herramientas populares que funcionan con diferentes frecuencias vibratorias para sanación. He asistido a muchos conciertos de cuencos y me he descubierto "viajando" o en un estado alterado durante las sesiones. Durante los días posteriores me he sentido cambiada de alguna forma, normalmente más ligera. Disfruto el proceso de dejarme llevar hacia donde los sonidos me lleven. Sin embargo, la sanación a través del sonido no se limita a gongs y cuencos, podemos usar casi cualquier instrumento, incluida la voz, siempre que las frecuencias sean útiles para sanar. Trata de tararear una canción animada si te sientes triste, y ve si esa simple acción eleva tu ánimo.

Está atento a los sonidos que te atraen, cuando los notes, y por qué, para entender mejor cómo puedes usarlos para mejorar tu bienestar o prepararte para la creatividad.

10. Tomar una clase

¿Hay algún arte o habilidad que te llama y que sigues retrasando su aprendizaje? Me he sentido nerviosa al entrar a una clase que sospecho me será un reto. Tiendo a ser tímida y la vulnerabilidad de ser vista en una posición en la que soy principiante me puede resultar abrumadora. Muchos somos duros con nosotros mismos especialmente cuando el miedo a fallar en una actividad elegida nos manda en un torbellino hacia una espiral de vergüenza.

Muchos tememos aprender nuevas habilidades porque lo desconocido puede ser intimidante, tal vez tengamos miedo de no poder entender lo que se enseña, de no ser suficientemente buenos. Tomar riesgos es una gran forma de estirarnos, y cuando nos estiramos, crecemos.

En mis clases yo enseño qué es el proceso, no el producto. Como la mayoría de las cosas, normalmente la aprehensión y las suposiciones sobre tomar la decisión de ir a una clase son inevitablemente peores que la realidad. Yo he tomado muchas clases, tanto en situaciones escolares, como en talleres, y siempre he sacado *algo* de ellas, incluso si no lo busqué. Una conciencia del *por qué* has elegido un tema en particular puede ser útil. La decisión de tomar una clase te ha dado idea de una parte de ti que busca expandirse. El tema que has elegido puede ser completamente nuevo o extraño para ti, pero sigue tu instinto de explorar. Si sabes que te gusta cocinar, esa conciencia puede llevarte a una tentadora clase de cocina hindú.

Para mí, las personas que conozco en las clases son un bono adicional, tal vez descubra el regalo de un nuevo amigo y/o alguien que pueda ofrecer otra información, maestros, o lugares para estudiar ese tema en particular. Además, elegir sacarte de tu rutina puede ser inspirador en sí mismo. ¡Los nuevos entornos y personas pueden ser estimulantes!

Cuando estamos inspirados en un área, esta puede alimentar otras, dándonos una nueva pasión para vivir. Disfruta los resultados de enriquecer tu vida con nuevos talentos al tomar una clase, a cambio obtendrás más confianza en ti mismo. Ve qué otra cosa puede pasar cuando te abres a un nuevo conjunto de habilidades.

11. Entornos propicios

¿Tu casa, oficina y/o estudio están decorados de forma que te inspire? Considera si tus entornos apoyan tu flujo creativo.

¿Por qué no tomarte el tiempo para crear un entorno que promueva mejor un buen flujo de imaginación? No escatimemos en flores si te levantan el ánimo y pongámonos en el estado mental correcto. Tal vez agregar un difusor de aceites esenciales para generar un olor que te relaje ayude a maximizar la productividad. Una fuente que cree el sonido de agua burbujeante es muy tranquilizante también. Ir más allá para crear un ambiente que promueva tu flujo creativo valdrá la pena. ¿Estás consciente de lo que te complace estéticamente? ¿Qué colores, telas y tipos de arte disfrutas? A mí me parece que ver las piezas de arte correctas puede servir como inspiración continua. El "arte" puede ser cualquier cosa que te inspire, a algunos les gustan las fotos en blanco y negro, mientras otros prefieren una pieza tridimensional, o pinturas brillantes y abstractas. Tal vez consideres usar los principios del feng shui para enfocarte en metas específicas, incluso el color de tus paredes crea cierto ánimo, así que asegúrate que ese ánimo es lo que ayuda a tu impulso creativo. Si un librero está bloqueando una ventana y tapando la luz del exterior, tal vez puedas moverlo a otro lugar o adquirir uno más chico para que entre más luz.

¿Tienes muchas cosas en tu escritorio o basureros llenos que te hacen difícil encontrar un documento que necesitas? Incluso si estás convencido que trabajas mejor rodeada de cosas, te sugiero que experimentes limpiar la casa y mantenerla limpia un par de semanas. Tal vez notes que pierdes tiempo buscando papeles o descubras que tienes menos contratiempos relacionados con el desorden, como perder un recibo o hacer el papeleo a tiempo. La organización puede crear una sensación de paz. ¿Tienes herramientas para organizar, como estantes y archiveros? ¿Tu escritorio es ergonómicamente correcto? Ponte creativo.

Crear una atmósfera óptima es un trabajo de arte en sí mismo. Ya sea que te inspiren las flores o el caos, lleva tu imaginación más allá de tus límites normales y construye un ambiente que promueva la creatividad y el bienestar.

12. Practicar la contemplación

Mientras tomas tu clase de yoga no deberías pensar en qué cenarás. Contemplación significa estar completamente presente en el momento. ¿Cómo defines "estar presente"? Cuando estás presente no te distrae el pasado, el futuro o incluso ese mismo momento. Nuestro enfoque es en nuestro estado de las circunstancias en el momento, y obtenemos mayor conciencia de nuestro entorno a través de todos nuestros sentidos.

Elige una actividad diaria simple, como lavar los trastes, hacer la comida, bañarte, etc. Durante ese tiempo practica estar completamente presente con cada sensación, toque, sonido, apariencia o sabor sin permitirte pensar en el pasado o el futuro. Siente el denso peso y la suave superficie del plato que estás lavando; nota la sensación del agua tibia en tu piel mientras enjuagas el plato. Usa esta práctica como medio de entrenamiento de contemplación.

El yoga es una herramienta ideal para ayudarte a desarrollar la contemplación, debido a que nos forzamos a concentrarnos en el cuerpo físico mientras hacemos las posiciones. Mientras hacemos una posición de yoga muy exigente físicamente no nos concentramos en un problema del trabajo, podemos notar cada sensación en nuestro cuerpo, como el momento en que nuestros músculos se relajan en una postura o cómo podemos trabajar con nuestra respiración para exhalar más profundamente y hacer la posición. Otras artes marciales son igual de útiles.

La contemplación del mundo físico a nuestro alrededor nos ayuda a evitar accidentes. Si pones atención a la calle o el camino por el cual vas avanzando en lugar de estar pensando en el pasado o el futuro, es menos probable que te caigas.

Las recompensas de la contemplación tocan cada área de nuestras vidas. Cuando estamos presentes en un momento dado estamos abiertos a recibir inspiraciones que pueden alimentar nuestra creatividad.

13. Ciclos creativos

¿Te suena conocido tener una preferencia por hacer ciertas actividades a una hora en particular del día o en un momento específico del año? Identificar tus ciclos puede ser muy útil para aprovechar al máximo el tiempo para poder dedicarte a tus proyectos creativos.

Mis propias necesidades creativas han cambiado con los años. Antes sentía mi creatividad en diferentes momentos del día, pero durante los últimos años me han dado ganas de pintar o de escribir sobre todo en las mañanas o las tardes, pero ocasionalmente me dan ganas de meterme a mi estudio por las noches. Si no eres un "artista" *per se*, es importante que te familiarices con tus ciclos para aprovechar tu creatividad en tu vida diaria. Aquí unas pistas:

Cocina creativa

Tal vez notes que te gusta cocinar temprano en lugar de en la noche. Tal vez te encuentres trabajando en la oficina y te inspire hacer cierto plato para la cena pero estás muy cansado. Podrías intentar nuevas recetas a mitad del día un día del fin de semana y congelar para la semana.

Aves cantoras matutinas

Tal vez eres un músico tempranero, pero a tus vecinos no les encantaría escucharte practicar a las seis de la mañana. Usa ese tiempo para planear dónde puedes tocar tu siguiente concierto o explorar mentalmente nuevas composiciones y colaboraciones. Si este es de verdad tu momento para tocar y experimentar, considera satisfacer tus deseos quedándote en un lugar diferente de vez en cuando para poder hacerlo.

Estaciones de creatividad

Considera las estaciones cuando busques cuáles son tus mejores momentos creativos. Algunos disfrutan sumergirse en la oscuridad de los días cortos del verano y usar ese tiempo para adentrarse personal y físicamente para sacar sus creaciones más poderosas. Si tu jardín es tu lienzo, deja que tu creatividad explote mientras te regocijas sacando el color y la forma en tu jardín.

Si no estás seguro de tus ciclos, comienza eligiendo en qué actividad creativa quisieras concentrarte y hazla a diferentes momentos del día.

Haz un compromiso de escuchar *tus* llamados cuando sabes que tu energía está arriba y nota cómo mejora tu creatividad. Las recompensas de esta conciencia serán un mejor uso de tu tiempo, lo que te dará una sensación de satisfacción y paz.

14. Responsabilidad

Como prefiero las mañanas, me encargo de las actividades menos deseables temprano, cuando estoy fresca y soy menos propensa a posponerlas. Por ejemplo, tomar decisiones me es difícil, así que me doy un tiempo en la mañana para hacerlo. Si descubro que he estado posponiendo una tarea, la escribo en mi agenda para que sea lo primero que hago en la mañana antes de ocuparme en otras cosas.

Ser responsable y atender los "negocios" antes de jugar es importante. Después de ocuparnos de nuestras responsabilidades podemos utilizar mejor nuestro tiempo libre para nuestras ideas creativas. Normalmente, elegir la recreación sobre la responsabilidad nos deja enojados con nosotros mismos, lo que nunca conduce al proceso creativo. Si tiendes a ser duro contigo de todos modos, ignorar las tareas que requieren atención añadirá una capa más de enojo. Yo experimento una sensación de euforia cuando he terminado una labor difícil. Sé que si me meto a mi estudio con una pila de labores no realizadas, normalmente no puedo estar completamente presente y abierta a las ideas, las que de otra forma simplemente llegarían. Puedo comenzar a pintar, pero estaría preocupada con lo que "debí" estar haciendo.

Ten un buen equilibrio entre el trabajo y el juego. Esto es particularmente importante para quienes tienen su propio negocio, porque cada acción y peso es auto-generado.

Cuando somos responsables nos sentimos bien, nos sentimos libres para usar el equilibrio de nuestro tiempo de formas que podrían ser emocionantes creativamente. Tu cena y una película será mucho más divertida sin la "lista de pendientes" rondando en tu cabeza.

15. Vibras positivas

¿Alguna vez has terminado una conversación o visita con alguien sintiéndote drenado, enojado o deprimido? ¿Terminas ciertas conversaciones con una sensación de inspiración? Los campos energéticos y las personalidades de los demás nos afectan, así que elige con cuidado a quién dejas entrar. Claro, no siempre podemos controlar con quién nos comunicamos, pero puedes ser creativo para encontrar formas de limitar amablemente tu tiempo con quienes te dejan sintiéndote una basura. Tal vez incluso descubras formas de alejar la conversación de lo negativo y transmitir más alegría.

Este paso te pide construir límites sanos. Para muchos, esto trae sentimientos de culpa por ser una "mala persona" al no dejar que alguien se queje constantemente de sus calamidades, pero la gente que se considera víctima perpetua nos desgasta, necesitamos alejarnos de ella. Si estás en una situación en la que no tienes el lujo de eliminar completamente la interacción negativa, como en el trabajo, encuentra formas de cortar las conversaciones que no sean constructivas. Si tratas de señalar lo positivo en una conversación con alguien empeñado en ser una víctima, lo más probable es que pierdas tu tiempo y energía, así que cambia el tema y encuentra razones para terminar la conversación. Por ejemplo, si te das cuenta que dos personas van a seguir con sus quejas sobre otra persona del personal, tal vez puedas decir "Siento que tengan este problema con 'John', pero necesito seguir trabajando, tengo una entrega para _____ Adiós". Después de algunas veces, quienes se quejan se darán cuenta que no eres un público para su negatividad, tal vez también noten que no quieres escuchar sus quejas. La buena noticia es que mientras sigas poniendo límites sanos, será más fácil evitar situaciones molestas. En ocasiones puedes enojarte cuando te enfrentas con una de esas personalidades "víctima" y podrás desconectarte sin tener un drama emocional.

Cuando trabajas, para aprovechar al máximo tu proceso creativo, tal vez necesites tu mejor energía y requieras cuidarte. Puede hacerse necesario dejar ir a ciertas amistades si siguen aferradas a sus viejos patrones destructivos que te drenan. Dejar ir nunca es fácil, pero seguir con quienes siguen atados a patrones destructivos de comportamiento no te sirve de nada. Te sentirás molesto, y ellos no tendrán la oportunidad de cambiar si quienes están con ellos les permiten continuar siendo las víctimas.

Haz un inventario de los participantes de tu vida, elige relaciones saludables para asegurarte de tener mucha energía para tus propias creaciones.

16. Vigilar tu energía

Estar al aire libre en la naturaleza, especialmente en el bosque o en el mar, contribuye a una sensación de bienestar para mí. El olor del pino en el bosque me hace sentir viva, al igual que la brisa del mar salado. Cada día me aseguro de pasar al menos unos momentos al aire libre. El invierno en el noreste puede ser difícil para mí por la falta de luz solar y tiempo para estar afuera.

¿Has notado que en ciertos lugares te descubres sintiéndote malhumorado? Por ejemplo, nota la siguiente vez que te hospedes en un hotel o pases unas horas en un centro comercial para ver cómo los lugares influyen en tu energía. Desde niña puedo recordar sentirme agotada después de un par de horas en un centro comercial, aún siento la misma falta de energía en los centros comerciales y experimento lo mismo en las exhibiciones. Ciertos químicos que usan para limpiar ayudan a que algunos nos sintamos menos que optimistas. A mí no me hace bien el aire reciclado, lo sé, así que me aseguro de salir a "tomar aire" de vez en cuando. Nota cómo está tu energía después de un par de horas en tu lugar de trabajo para ver si te sientes agotado. Si es así, encuentra formas de pasar unos momentos tomando aire fresco para mantenerte saludable. ¿Cómo te sientes entre las multitudes? ¿Te sientes emocionado por todas las energías que estás recibiendo de los demás? ¿O sientes la necesidad de correr y esconderte?

Con conciencia, usa algunas de las siguientes sugerencias para vigilar tu energía. Tómate unos momentos para cerrar los ojos, sintonizarte con tu respiración y ver si suspiras ocasionalmente (una de las formas de nuestro cuerpo de decirnos que estamos cansados), bostezando o si te sientes ansioso. Examina si sientes urgencia de tomar cafeína o azúcar (otra señal de que tu ambiente te está cansando). ¿Te sientes inspirado y con un pensamiento claro? Ahora que sabes qué te da una buena energía creativa, haz cualquier ajuste necesario para obtenerlo.

Usa tu creatividad para maximizar tu energía en una situación dada. Un difusor de aceites esenciales que emita un aroma al que te sientas atraído puede ayudarte a que tu ambiente sea más placentero. Si debes pasar mucho tiempo en un lugar no tan ideal, asegúrate de programar pequeños descansos en atmósferas refrescantes.

17. Influencia visual

El simple acto de tomar una decisión consciente de caminar en la naturaleza en lugar de ir al gimnasio (donde puedes estar rodeado de televisiones puestas en canales que no deseas ver) puede hacer la diferencia en tu estado de ánimo, y eso afecta tu productividad. Los pequeños cambios, como tomarte un momento en la mañana para sentirte en tu mejor ánimo, o, en los días que estás menos alegre, elegir una ruta diferente, más atractiva para ir al trabajo, pueden hacer la diferencia. Intenta crear con una intención para encontrar la inspiración y la belleza y nota qué surge para ti visualmente.

¿Estás consciente de que las cosas a las que estás expuesto te afectan? Lo que vemos puede tener más efecto de lo que nos damos cuenta, y no siempre tenemos control de lo que vemos. Estar consciente de las sutiles formas en que nuestro ambiente visual nos afecta puede ser útil para mantener un estado pacífico de ser. El paso es darte cuenta a qué imágenes estás expuesto que contribuyen o afectan tu creatividad.

Existe un continuum constante entre soñar y el estado de alerta. Lo que veo durante el día afecta mis sueños. Si vi un programa o película violenta mis sueños son casi siempre intranquilos. En el mundo de hoy, puede ser difícil escaparse de los medios, incluso cuando estamos en el aeropuerto, un restaurante, el gimnasio o al cambiarle el aceite al auto, nos bombardean imágenes e información que tal vez no queremos ver. Cuando sé que voy a tener un largo periodo de espera, me preparo llevando conmigo algo que leer, en lugar de volverme audiencia cautiva de lo que me ponen al frente en los lugares públicos.

Si vas a cenar con un amigo en un bar, ¿estás constantemente poniendo atención a la televisión que está en la pared en lugar de darle toda tu atención a tu amigo? ¿Pasa lo mismo en casa cuando ves la tele durante las comidas? Las comidas pueden ser un excelente momento para actualizarse y mantenerte conectado con tu pareja, familia o compañero de casa. En nuestras casas tenemos más control, puedes elegir limitar tu exposición a los medios en casa para que más ideas creativas florezcan en la tierra fértil de la paz y la tranquilidad.

Cuando tienes el control de tu ambiente, hazte consciente y selectivo en cuanto a lo que permites entrar. En un mes debes notar una mejoría en tus búsquedas creativas.

18. Visión repetitiva

Visita el mismo lugar en diferentes momentos del día, así como en diferentes momentos del año. Al ver la misma imagen en diferentes momentos entrenamos a nuestros ojos (y oídos, si quieres) para notar los cambios sutiles. Hazte consciente de los cambios sutiles cuando le da la luz a tu vista en diferentes días o estaciones. Ve cómo la luz que cae de cierta forma en un momento específico te trae un recuerdo como una canción romántica, o te da una idea visual para una escena en una parte de tu escritura. Elige una escena, que pueda ser interior (siempre que haya luz natural) o exterior. Se creativo al seleccionar tu ambiente.

He practicado este paso por años, primero sin intención y más adelante intencionalmente cuando sugerí esto como tarea en mis clases de arte. Mis alumnos aprenden cómo afinar su vista al poner más atención de la que pondrían normalmente. Yo disfruto escuchar cuánto se sorprenden cuando logran ver el mundo de una forma totalmente nueva por medio de este ejercicio.

Si por naturaleza eres del "tipo visual", alguien que procesa la información por medio de imágenes, esto será fácil y divertido. Si, sin embargo, procesas de forma más auditiva o empática, puedes adquirir una nueva habilidad al aumentar tu conciencia visual con este ejercicio. Si eres un artista visual, te sugiero que lleves el ejercicio más allá al hacer un pequeño bosquejo, tal vez de 5 por 7 pulgadas, o pintura de la escena cada vez que la revises. (Nota que esto es algo rápido, no te recomiendo que trabajes mucho en ello). Pon atención a las sutilezas de cómo cambia la imagen con la luz. Si no eres artista visual tal vez quieras fotografiar tu escena y revisar más adelante las diferencias.

Tómate el tiempo que necesites para hacer de este ejercicio algo que disfrutes. Por ejemplo, tal vez pases por un árbol particularmente interesante mientras vas camino al trabajo todos los días. Nota en un día, o incluso en un par de estaciones, las diferencias en el árbol, mira los cambios en los colores de las hojas, míralas caer, nota las sombras que da en la mañana y cómo son diferentes por la tarde o en la noche. Si decides llevar más allá el ejercicio, aprende a buscar el contraste entrecerrando los ojos. Cuando lo hagas, notarás que puedes ver los reflejos de cualquier imagen, así como las áreas más oscuras más fácilmente. Si estás pintando o dibujando el objeto, esto te será útil, y te sugiero que reflejes estas áreas primero en tu pieza de arte, incluso marcando ligeramente dónde caen estas sombras en tu página. Si no estás haciendo una pieza de arte, estarás entrenando tus ojos para ver con mayor sutileza. Te sorprenderá cómo cambia tu visión del mundo como un todo. Cuando mis alumnos comienzan este ejercicio por primera vez, se emocionan mucho con sus nuevas visiones.

Este paso sintoniza tu creatividad al agudizar tu conciencia visual. Al hacer de este ejercicio un hábito, comenzarás a repetirlo en otras situaciones automáticamente. El principal beneficio de este paso es aprender a "ver" de una forma nueva y expandida. ¡Qué maravilla!

19. Atracción por el color

Durante un par de años noté que veía mi oficina con disgusto, el frío amarillo de mis paredes me molestaba, visualizaba rojos cálidos y dorados y finalmente me di el tiempo para pintarla. Ahora cuando entro a mi oficina me siento feliz. El cálido rojo es invitante y vigorizante. Como es un ambiente en el que paso mucho tiempo, valió la pena cambiar los colores.

Tu elección del color puede revelar también qué está pasándote emocionalmente. Se ha probado que el color tiene un efecto en nuestro estado mental. Por lo tanto, podemos trabajar con el uso del color para sentirnos bien.

Una forma de experimentar con cómo te sientes rodeado de diferentes colores es notar cómo te sientes cuando entras a habitaciones de diferentes colores. ¿Te da miedo entrar a una habitación roja o blanca? Con frecuencia elegimos el blanco u otros colores luminosos y sutiles para decorar casas para que los cuartos pequeños se vean más grandes y sentirnos relajados en el espacio. Tal vez prefiramos diferentes colores en diferentes puntos de nuestra vida debido al efecto que tiene el color en nuestros seres emocionales. El morado con frecuencia se relaciona con la espiritualidad, lo encontrarás en todas las exposiciones de New Age. Yo me siento tranquila cuando estoy rodeada de color lavanda y soy conocida por pintar departamentos enteros en tonos diferentes acompañados de alfombras moradas. El rosa y el azul tienen efectos tranquilizantes para mí, paso por periodos en los que prefiero tonos tierra. El verde en general tiende a darme energía, el morado siempre es el favorito.

Nota los colores con los que resuenas y nota si cambian. La conciencia de cómo te hacen sentir los colores es una invitación a ser valiente y rodearte de las energías que contienen esos colores. Por ejemplo si el verde es tu preferencia, permite que la frescura del color te ayude a encontrar nuevos comienzos y sanación en tu vida. Si prefieres el rosa, resuena amor para ti y los demás.

Diviértete experimentando con el color. Pinta tus espacios de colores que inspiren tu creatividad.

20. Disfrutar las creaciones de los demás

Soy conocida por sacar un nuevo lienzo cuando regreso a casa después de un concierto o función de baile, ambas artes me inspiran mucho. Otros artistas visuales también me inspiran a pintar, así que un viaje a un museo o galería me puede enviar volando a mi estudio. Mis inspiraciones no siempre toman forma literalmente, aunque en ocasiones trabajo con fotos que tomo en los espectáculos de baile. La emoción de haber visto o escuchado algo que tocó un nervio es suficiente para que quiera ir a trabajar en mi propia pieza de arte. Me he descubierto inspirada al escuchar a oradores y he tomado notas de su forma de hablar para implementarla en mis propios talleres.

¿Alguna vez has salido de un concierto, obra, película o la casa de alguien y te has sentido inspirado para cambiar algo en tu ambiente o crear algo nuevo? Este paso nos invita a ir con los ojos muy abiertos al andar por nuestro mundo, permitiendo que las creaciones de los demás nos den nuevas ideas.

¿Pasas suficiente tiempo revisando las creaciones de otros? Es fácil quedarte atrapado en tu propia rutina y olvidar cambiar las cosas para refrescar nuestros puntos de vista. Incluso si no estás trabajando en un proyecto creativo, es muy probable que te parezca más fácil imaginarte emocionado por comenzar uno después de admirar la creatividad de alguien más. Esto podría ser el combustible ideal para lanzar tu propio proyecto.

Usa este paso para recordarte salir, disfrutar, inspirarte asistiendo a actuaciones o conciertos, exhibiciones y demás, para mejorar tus propios proyectos.

21. Red

Cuando estaba en la escuela de arte uno de mis maestros nos aconsejó ir a tantos eventos de arte como nos fuera posible, y asegurarnos de conocer al menos una persona nueva en cada evento. Como yo tiendo a ser tímida, esto podía ser difícil para mí, pero decidí aceptar el reto. Tu propia red no debe ser tan específica como los eventos de arte, pero reunirte con personas que compartan tus intereses puede resultar en más chispa creativa. Por ejemplo, si eres un ávido o novel jardinero, ir a un paseo por jardines puede ser muy inspirador.

Normalmente nos esperan sorpresas cuando salimos. Yo con frecuencia salgo de los eventos con ideas que surgieron en conversaciones que no hubieran sucedido si me hubiera quedado en casa. Si te parece difícil asistir solo a eventos, invita a alguien para ayudarte a cumplir tu compromiso. Si tiendes a sentir que no tienes nada interesante que compartir, considera que tus experiencias son diferentes a las de las personas con las que hablarás, tal vez compartir algo que puede parecerte mundano, como la forma en que coleccionaste y rediseñaste un mueble que compraste en una venta de garaje puede inspirar a alguien más a explorar sus propias cazas de tesoros.

Mantente abierto en cuanto a los lugares para obtener ideas creativas. Al estar consciente de lo que pasa en tu comunidad o industria, tienes una herramienta adicional para mantener tu arroyo de flujo creativo. Disfruta tus salidas.

22. Juicio

El juicio sobre nosotros mismos y los demás puede llevarnos a un bloqueo creativo. Si somos duros con nosotros mismos, se vuelve difícil permitir que nuestra creatividad fluya de forma libre y saludable. Si gastamos energía juzgando el trabajo de los demás, tal vez perdamos el tiempo que podríamos usar en nuestras propias labores creativas. Tal vez nos volvamos tan intimidantes al compararnos con los demás, que dejemos completamente la actividad.

Examinar por qué hemos llegado a juzgar los frutos de nuestros esfuerzos no es de utilidad. Tal vez un maestro o alguna otra figura de autoridad nos dieron una retroalimentación negativa. Si nos han criticado con frecuencia, nuestro propio crítico interno puede surgir de manera tan repetitiva que nos perdamos la belleza de lo que hemos creado. A mí me han dicho de forma reiterada que canto horrible, pero mis seres queridos disfrutan escuchar mi chillona voz cantando "Las mañanitas" en su día tan especial. Cuando criticamos en exceso nuestras creaciones, nos perdemos lo que puede ser maravilloso para los demás. He visto esto una y otra vez en las clases de arte que imparto. Un alumno crea una maravillosa pintura durante el taller, pero está tan ocupado buscando lo que está mal que se pierde la fuerza general de la pieza (que el resto de nosotros apreciamos).

Cuando trabajas en una creación tal vez tengas al menos una idea de cómo quedará cuando termines. Siempre es útil alejarnos de nosotros mismos mientras trabajamos en el proyecto para darnos una idea de hacia dónde vamos. Si nos permitimos desanimarnos muy pronto sobre lo que hemos hecho podríamos sabotearnos y perder nuestro entusiasmo. Cuando no nos emocionamos con nuestras creaciones, es difícil terminar la tarea.

Puede ser sorprendente lo frecuente que juzgamos. ¿Alguna vez te has descubierto juzgando las creaciones de tus colegas? Si es así, tómate un momento para contemplar por qué estás haciéndolo. ¿Te sientes en competencia con ellos? ¿Te preocupa no estar haciendo un trabajo suficientemente bueno?

Cuando juzgamos asumimos que somos los "dueños del conocimiento" y que somos superiores de alguna forma que el sujeto de nuestros juicios. Cuando juzgamos las creaciones de otros no nos enfocamos en nuestras propias creaciones, así que hay menos energía disponible para nosotros.

Si hacemos comentarios negativos sobre el proyecto creativo de alguien ¿nos sentimos inseguros del nuestro? A veces criticamos a otros debido a nuestra propia inseguridad. Notar qué juzgamos es una excelente guía para saber dónde podemos *nosotros* brillar. Ponte creativo para saber cómo puedes cambiar el hábito de juzgar y convertir tus descubrimientos en formas de fortalecer tu propio valor. Cuando nos enfocamos menos en los demás tenemos más energía para nuestras propias actividades. Si nos descubrimos en una situación en la que nos piden nuestra opinión y no tenemos nada positivo que decir sobre lo que nos preguntan, podemos encontrar formas creativas y positivas de expresar nuestra opinión que no afecten a los demás.

La siguiente vez que te descubras juzgando tu trabajo, da un paso atrás para examinar si estas precipitándote o si te estás exigiendo demasiado. Si estás juzgando a alguien más, revisa tu motivo para hacerlo. Este paso nos ayuda a aceptarnos más y aceptar más a los demás.

23. Aceptar consejos

Es maravilloso estar abierto a la retroalimentación, pero escuchar con una sólida conexión con nuestras propias ideas es necesario. También es importante saber a *quién* acudir, estar consciente de nuestros talentos de forma objetiva. A veces ser fieles a nuestra propia sabiduría es la mejor opción.

Usar la conciencia en combinación con nuestras facultades creativas puede ayudarnos a decidir qué es lo correcto. En mi observación, las personas normalmente caen en dos categorías aquí, los que suponen que son los mejores jueces de un tema en particular, y los que suponen que los demás siempre saben más que ellos. ¿Dónde estás tú? Cuando escuchamos sin la barrera de nuestro ego, podemos encontrar retroalimentación útil para incluir en nuestras creaciones.

Nota cuál es tu respuesta cuando te dan un consejo: ¿Tiendes a comentar algo como: "Ah, eso ya lo sabía", o "Eso es obvio, para qué lo mencionas?". ¿O es más probable que respondas con algo como: "Ah, qué interesante, nunca lo había visto desde ese punto de vista, gracias"? En ocasiones es adecuado recibir retroalimentación, pero también es importante usar lo que nos parece lo correcto en nuestras opciones creativas.

La conciencia de cómo recibimos la información es útil para sacar lo mejor de cualquier información valiosa que pueda llegarnos. Si un experto en tu campo desaprueba fuertemente una parte de tu pintura o un capítulo de lo que escribes, ¿lo cambiarías automáticamente porque valoras la experiencia de dicha persona? Sé objetivo con respecto a las personas a las que pides ayuda para revisar tus capacidades. Te sugiero estar consciente de tu disposición a asumir el juicio de otros por encima del tuyo cuando creas algo.

El criterio también entra en juego en nuestras opciones para los proyectos creativos, ¿tienes la tendencia a quedarte en lo ya probado o estás abierto a nuevas formas de expresión? Observa dónde aceptas ideas y métodos que te son conocidos en lugar de dar paso a nuevos. Es bueno saber cuáles pueden ser las razones para no seguir atorado en viejos patrones de comportamiento.

La siguiente vez que te estés preparando para pedir retroalimentación, detente un momento para decidir si realmente necesitas una segunda opinión. Si continúas, detente de nuevo y reflexiona cuando hayas obtenido respuestas. Este paso te ayudará a saber qué es lo correcto para ti.

24. Ayudar

¿Prestas atención a las necesidades de las personas que te rodean? Cuando trabajamos en un proyecto o tenemos fechas de entrega que cumplir, es fácil meternos en nosotros mismos. Nos podemos quedar atrapados en nuestro propio mundo y olvidar que los demás pueden necesitar nuestra atención. Es importante estar disponible para quienes nos importan o para aquellos a quienes estamos donando nuestro tiempo. Nuestra disposición a servir puede ser una gran manera de descubrir nuevas y creativas ideas mientras ayudamos. En la escuela de arte me dijo un profesor de dibujo de figuras que los artistas son las personas más egoístas del mundo; tienen que serlo. Si eres un artista, ya sea *amateur* o profesional, crear lleva mucho tiempo y algunos medios tardan más que otros. Yo sé muy bien de esto, ya que quienes me rodean claman por más atención. Debemos nutrir a la familia y los amigos también, mucho. Encontrar un equilibrio no siempre es fácil, pero es importante.

Invoca tu proceso creativo aquí explorando nuevas formas de hacer tanto tiempo como puedas para los demás y aun así tener tiempo para ti. Retribuir es importante, usa tu conciencia para decidir cuánto de ti puedes dar y cómo hacerlo mejor. Puede ser por medio de contribuciones económicas a causas que te agraden, o tan simple como juntar cosas en tu casa que ya no uses, ropa que ya no te quede, por ejemplo, y llevarlas a un refugio. Además, la naturaleza de lo que estás creando puede servir como tu donativo único al mundo.

¿Cómo estás retribuyendo? Encuentra lo que es adecuado para ti dar como tu camino de servicio, sea dinero, o el regalo de tu tiempo, amor o talento. Que este paso sirva como recordatorio de hacerte el hábito de salir de donde estás oculto y donar tiempo, amor o talento a una persona o grupo de tu elección.

25. ¡Expresarte!

Expresar las emociones puede ser difícil. Si guardas tus resentimientos y te muerdes la lengua para evitar confrontaciones, no solamente estás rompiendo el flujo de tu creatividad, sino que estás provocando un mal a los involucrados. El primer paso es reconocer las situaciones que hacen que expresarse sea tan difícil. Veamos cómo puedes enfrentar estas situaciones como invitaciones a explorar cómo podrías transmitir tu mensaje de forma exitosa.

Si alguien hace un comentario que te duele, decírselo amablemente te da una sensación de empoderamiento y puede iluminar a tu amigo, quien tal vez no se dé cuenta que te lastimó. Esto les sirve a ambas personas y reduce la posibilidad que suceda algo similar de nuevo. Además, tú te sentirás bien por haberte expresado.

En la mayoría de los casos no nos expresamos por miedo. ¿Cuántas veces no te has dado cuenta hasta que pasa la conversación que no te sentiste bien con el comentario o acción, debido a que te sorprendió mucho? Cuando estamos presentes, y por lo tanto, conscientes, reconocemos inmediatamente cuando hemos sido afectados o cuando nosotros mismos dijimos algo o hicimos algo inadecuado. Si has hecho o dicho algo que no está bien, o heriste a alguien, se fuerte, acepta tu responsabilidad y discúlpate. Si temes disculparte, llama a tu conciencia para averiguar por qué. Es útil rastrear las rutas de nuestros miedos para avanzar más fácilmente con la práctica. Al ponernos vulnerables en realidad nos fortalecemos al decir nuestra verdad. Si sientes que tu disculpa será ignorada, encuentra una forma de decirlo con amor y deja ir las expectativas de la forma en que reaccionará la otra persona. Al hacerlo habrás dado tu mayor esfuerzo.

Tal vez sientes que mereces un aumento en el trabajo. ¿Te da miedo pedirlo? ¿Identificas por qué tienes miedo? Cuando hayas reconocido tu miedo, ponte creativo y encuentra formas de pedir lo que quieres.

Usa esta paso para concientizarte de cuándo tienes miedo y avanza con esos miedos para ser un *tú* más fuerte. Podemos encontrar el valor de enfrentar nuestros miedos. Ubícate en lugares donde sepas que puedes florecer y expresarte.

26. Escuchar a tu cuerpo

Muchos de nosotros estamos tan preocupados por nuestras actividades diarias que no nos damos cuenta de cuando estamos cansados o tenemos hambre. Para mantener una mente positiva y buena salud física, debemos convertir nuestras necesidades físicas en una prioridad. Podemos ser creativos para decidir cómo mantener una salud óptima, pero sin importar lo que se haga, ten en cuenta que la conexión entre el cuerpo y la mente es vital.

¿Cómo mantienes tu conexión con tu cuerpo? Puede ser útil llevar un diario, anota los días en los que eres especialmente productivo y piénsalo. ¿Qué comiste ese día, y el día anterior? ¿Descansaste bien por la noche? ¿Tu nivel de actividad fue más alto o más bajo de lo normal? Tu cuerpo requiere cierta cantidad de ejercicio físico aunque, claro, el sistema de cada quien es diferente. Yo tiendo a tener una mala circulación, si no me muevo lo suficiente durante un día, me siento muy lenta esa noche y el día siguiente, y finalmente me cobra la factura.

¿Has notado que un día en que no dormiste suficiente o cuando comiste o bebiste demasiado la noche anterior estás lento cuando vas a la mesa de dibujo, tu banco de trabajo u oficina? Revisar antes de pedir el postre o la última copa de vino para ver si tu cuerpo lo puede manejar puede ser muy bueno para mantener una creatividad óptima. A mí me gusta detenerme y considerar los futuros efectos de la decisión, si estoy cansada por haber tomado una copa extra, tiendo a no tener un buen día de trabajo.

Además de escuchar, debes poder responder a las necesidades de tu cuerpo, así que planea con anticipación darle algunos recursos de energía óptimos. Trata de hervir una docena de huevos y usarlos como un estímulo proteico portátil. La siguiente vez que vayas de compras, ten en mente alimentos nutritivos o barras saludables que puedas llevar contigo para tener fáciles recursos energéticos. Tómate un tiempo del día para crear comidas saludables que se puedan hacer del tamaño de una porción y congélalas para siempre tener deliciosas y saludables opciones de comidas.

En cuanto al ejercicio, ¿cómo podemos mover a nuestro cuerpo? Tal vez tu cuerpo empieza automáticamente a deslizarse cuando escuchas música. O tal vez respondas bien al maravilloso equilibrio del cuerpo y la mente que proporcionan el yoga y las artes marciales. Algunos pueden amar la inyección de endorfinas que se siente después de correr y nadar. Si la idea de cualquiera de estas actividades te desagrada, tal vez te satisfaga caminar en la naturaleza.

Haz más de lo que te funciona, haz el compromiso de continuar para ayudarte a alimentar tus esfuerzos creativos. Recuerda que si tu cuerpo está saludable, tendrás más impulso para llevar tus poderes creativos a los cielos.

27. Tomar un descanso

¿Estás consciente de *tu* fórmula para ser más productivo? A algunas personas les es más difícil enfocarse que a otras y pueden necesitar tomar más descansos o encontrar la forma de disciplinarse creando un horario y comprometiéndose a cumplirlo. ¿Dónde estás tú en esto? Si estás escribiendo y descubres que tu mente divaga, entonces tal vez sea hora de levantarte y lavar la ropa, o hacer la comida, lo que sea para cambiar la energía.

Trabajar duro no es siempre la mejor forma de alimentar el alma. A veces ser disciplinado *no* sirve. Cuando estamos hasta el cuello de trabajo con un proyecto, tal vez nos quedemos atrapados en los detalles y perdamos de vista el todo. Toma descansos para regresar y concentrarte con los ojos, oídos o pensamientos frescos.

Incluso puedo decidir tomar un descanso en medio de una actividad. Por ejemplo, si estoy trabajando en una pintura y no se me ocurre cómo hacer que una parte en particular se vea bien, cambio a un lienzo diferente y cuando regreso al anterior puedo verlo con los ojos frescos y sé exactamente cómo resolver el problema.

Soy alguien que necesita actividad física todos los días para sentirse bien, así que normalmente inicio mi proyecto y acomodo mi día para tener descansos que incluyan algo físico. Casi siempre retomo mi actividad con más energía, pero así soy yo. Conozco escritores que se levantan a media noche a escribir y se vuelven a dormir después fácilmente, algunos olvidamos comer cuando estamos haciendo un proyecto creativo. ¿Sabes cuándo necesitas recargarte? Darle a nuestro cuerpo el combustible que necesita es importante para tener una creatividad óptima.

Tener conciencia de la forma en que eres más productivo es el reto, recuerda hacer caso a las formas en que tú como individuo trabajas mejor dándote lo que necesitas para rejuvenecer.

28. Combustible

Queremos que nuestro cuerpo funcione a niveles óptimos para ser productivos. Si somos lentos y tenemos baja energía puede deberse al combustible que le damos a nuestro vehículo físico. Comienza notando cómo te sientes físicamente, ahora, en este momento. ¿Tienes energía óptima o quieres una taza de café o una barra de dulce para sentirte energizado? ¿Tu mente está nublada? ¿Has estado comiendo bien o de prisa? ¿Estás tomando mucha cafeína y/o azúcar para tener energía? Si es así, esto es una señal de que tu nutrición necesita más atención.

Debido a factores como los aditivos químicos, los productos transgénicos y la contaminación del agua, aire y tierra, recibir una nutrición adecuada puede ser difícil. La información de los medios, además de las tendencias dietéticas (que con frecuencia promueven recomendaciones que no son coherentes), y el ir y venir todo el tiempo se suman a la confusión hasta llegar al punto en que podemos perder el contacto con lo que necesita nuestro cuerpo en realidad. En este frenético tiempo en que la gente trabaja más tiempo y la vida parece estar más llena de cosas para muchos, es importante usar nuestra creatividad para encontrar formas saludables de recargarnos.

Hay quien piensa que comer saludablemente requiere mucho tiempo y esfuerzo, pero usar tu creatividad para hacer cambios en tu alimentación puede ser muy satisfactorio. Vigila cómo te afectan estos cambios y elige menús que combinen fácilmente con tu estilo de vida. Si te levantas muy temprano y tienes el hábito de saltarte el desayuno o comer de prisa, podría valer la pena que inviertas en una máquina para hacer jugos o una buena licuadora. Comprar proteínas de alta calidad en polvo para tomar licuados puede ser un suplemento excelente para una buena nutrición. Consumir los suplementos nutritivos adecuados con base en lo que necesita tu cuerpo es muy útil. Según fuentes, como el Instituto Cornucopia, en el pasado podíamos obtener nuestras vitaminas y minerales de los alimentos que consumíamos, pero debido a la contaminación y el agotamiento de la tierra, la mayoría de nosotros requerimos suplementos adicionales.

Claro que determinar la cantidad adecuada de vitaminas y minerales para tener un desempeño óptimo es complicado, y casi imposible, así que aquí tienes un simple experimento para demostrar el impacto dramático que puede tener la comida en tu bienestar. Trata de eliminar un alimento que sepas que te causa problemas, como el azúcar, al menos un par de semanas, para ver si notas cambios en tu estado ánimo y en lo que logras. (Yo creo que notarás resultados positivos).

Cuando nos sentimos bien físicamente, estamos más vivos, más presentes y más listos para recibir y poner en práctica nuestra siguiente gran idea. Usa esto como un recordatorio de hacer el esfuerzo de cuidar bien tu cuerpo.

29. Lugares inspiradores

¿Has notado que te sientes diferente en diferentes ubicaciones geográficas? ¿Te sentiste como en casa la primera vez que visitaste un área a la que terminaste mudándote? O tal vez una sección diferente del país u otro país se siente como si fuera otro planeta. Podemos encontrarnos con ideas nuevas cuando estamos en un nuevo entorno. Los pintores de paisajes se inspiran al ver diferentes lugares con diferencias en los árboles, flores y vida salvaje. Los escritores son conocidos por retirarse o investigar áreas de las que deciden escribir y los músicos están atentos a los diferentes sonidos en nuevos entornos. Mi propia creatividad se ve influida cuando viajo, he notado que diferentes arquitecturas, culturas y entornos naturales nuevos me inspiran y me hacen desear pintar al instante.

- Si no has viajado fuera del área donde creciste de todos modos puedes usar tu conciencia para descubrir qué puede inspirarte en otro lugar. Tal vez hayas visto lugares en la televisión o en una película que parezcan emocionantes. Usa los recuerdos de los lugares que has visitado. ¿Qué surge en ti con estos recuerdos? ¿Tienes alguna sensación en particular?

Considera lo siguiente:

- Imagina lugares que te gustaría visitar. ¿Qué te impulsa a querer visitarlos?

- ¿Deseas ir a Nueva York o Hong Kong y ser estimulado por las multitudes? O tal vez quieres visitar el seco y vacío desierto, ¿podría esto significar que necesitas más espacio? O ¿quisieras estar en el mar o en un lago? Tal vez eso te trae sensaciones de expansión debido al agua.

Usar este paso para sacar ingredientes de lugares que te inspiran y encontrar formas de implementar ideas con base en ellas, como decorar una habitación con temas del suroeste. ¡Deja que tu imaginación fluya con estas ideas!

30. Diversidad cultural

Yo siempre empaco mis acuarelas cuando visito un lugar nuevo. Una de las razones por las que comencé a usar pinturas portátiles pequeñas en lugar de óleos fue poder documentar fácilmente mis viajes. He pintado sitios sagrados en México, Bali, las Islas Británicas, Malta y Grecia. Fui llamada a ir a Marruecos porque me encontré fascinada por la hermosa arquitectura, especialmente los numerosos arcos del lugar. Viajé allá y mi recompensa visual llegó más allá de lo que pude haber imaginado. Los edificios, el desierto, los serpenteantes caminos a través de los mercados, así como las coloridas torres de especias me emocionaron. Como siempre, hice algunas pinturas al momento, también tomé muchas fotos y desde entonces las he utilizado para muchas pinturas, incluyendo algunas de mis imágenes más conocidas.

Visitar otras culturas nos da enseñanzas valiosas. Si tienes la fortuna de hacerlo en la vida real, hazlo. Tal vez puedas experimentar alternativamente con lecturas o documentales sobre otras culturas para ver si encienden algunas chispas creativas.

Aunque principalmente creo por medio de un medio visual, los sonidos y aromas de los lugares que visito también se quedan en mi alma. Tengo una amiga que grabó un latido de los antiguos templos de la Diosa en Malta dejando su grabadora en las piedras. También se conmovió tanto como para escribir nuevas y hermosas canciones sentada entre los sitios sagrados de Inglaterra, dejando que la presencia de las piedras y antiguos pozos se transformaran en hermosas melodías nuevas.

¿Has notado si alguna cultura en particular te atrae? Tal vez decidas investigar su música, ropa o decoración para encontrar inspiración. Incluso si no viajas realmente a los lugares, la riqueza de las historias de estas culturas puede ser una excelente base para tus esfuerzos creativos.

Nota qué culturas te atraen y ve cómo puedes encontrar material que puedas integrar a tus proyectos. Ábrete a nuevas formas de experimentar las diversas y coloridas culturas que son parte de nuestro maravilloso planeta.

31. Diviértete con los niños

Los niños absorben todo y lo convierten en los objetos más fantásticos, no necesitan juguetes elaborados o caros; de hecho tal vez estarían mejor sin ellos, ya que esto le da a sus vívidas imaginaciones más oportunidad de ejercitarse. Por eso estar con niños puede ayudarnos a experimentar inspiración creativa renovada. ¿Has observado a los niños cuando juegan? Los niños normalmente ven y escuchan cosas que nosotros no. Algo de eso puede deberse a que lo están inventando, o tal vez sea que están más cerca del Espíritu cuando son muy pequeños. Se dice que los niños pueden ver hadas, ángeles y cosas similares, una capacidad que parecemos perder con la edad.

Cuando yo era pequeña había menos juguetes y no había Internet, por lo tanto, muchas de mis recreaciones tenían que ver con usar lo que tuviera a la mano y dejar que mi imaginación volara. Un recuerdo que tengo, por alguna extraña razón, es de una amiga y yo con un palo y una rebanada de pan blanco girando sobre él, imaginando que lo estábamos tostando en el fuego. Estábamos convencidas de ver que se ponía café y sabíamos cuándo estaba listo.

Obviamente el tipo de actividades cambia entre los sexos, pero tanto los niños, como las niñas, se divierten con ciertos juegos. Para mí muchas actividades sucedían afuera, en el bosque, así que normalmente construía fuertes con árboles y de ahí improvisaba. Solía salir de excursión con la idea de cazar cosas, especialmente criaturas como mariposas, tortugas, etcétera.

Date el tiempo de estar con niños, ellos tienen una energía espontánea que es contagiosa. Bebe de la fuente de la juventud y deja que la energía llegue a tus proyectos creativos.

32. Opciones

No puedo decirte cuántas personas me encuentro que me informan que quieren escribir un libro, o que alguna vez fueron artistas y quieren regresar "algún día". También conozco gente que me dice que quiere tomar uno de mis talleres "algún día". Con frecuencia me dan ganas de preguntarles cuándo es "algún día"... Creo que si realmente queremos hacer algo, lo hacemos suceder a menos que haya razones logísticas más allá de nuestro control.

Por lo general, una de esas razones logísticas es el dinero y si realmente piensas en el peor escenario financiero posible, no es un reto tan enorme. Tendrás que hacer algunos cambios en tu estilo de vida, pero muchas personas descubrirán que tenemos tantas libertades en nuestra vida que podemos hacer que algunas de las opciones, si no es que todas, nos traigan las cosas que nos son importantes.

¿Has pensado en una opción relacionada con la forma de usar tu creatividad? No poder tomar decisiones porque te sientes abrumado es una excusa fácil para no crear, pero la solución es simple: Ponte fechas para crear.

Considera tus prioridades. ¿Qué decides crear en esta vida? Si hay algo que esté en tu "lista de algún día" te invito a considerar qué tanto lo quieres. Si la decisión es que sí quieres hacerlo, te sugiero que des algunos pasos iniciales hacia delante. Si tienes claro tu deseo y estás listo para empezar, haz algunas citas mensuales, semanales y diarias para tomar acción. Esto puede incluir investigar, tomar clases o simplemente hacer algunas llamadas iniciales.

Es posible que inconscientemente no planees realmente avanzar con tu deseo. Te sugiero pensar bien para descubrir si de verdad quieres seguir el deseo que tienes. Podemos acostumbrarnos tanto a decir algo repetidamente que no nos demos cuenta que no es un deseo actual. Dejarlo ir si no es algo con lo que realmente estés dispuesto a comprometerte es más sano, liberará tu mente para averiguar qué es lo que *realmente* quieres.

Elegir seguir o cambiar tu búsqueda puede darte una sensación de poder. Tus opciones reflejan la esencia de lo que eres y cuando te comprometas con ellas, florecerás.

33. Compromiso

En nuestra cultura la creatividad no está en la cima de la lista de prioridades; la creatividad necesita nutrirse para sostenerse a sí misma, se alimenta de sí misma. Con compromiso, tomamos acción sobre una idea y vemos cómo abrir la puerta a un nuevo proyecto creativo nos puede llevar a la siguiente idea. Incluso en la etapa del juego, yo me he descubierto necesitando programar tiempo para pintar en mi calendario. Normalmente me aseguro de tomarme al menos un mes libre de trabajo, que puede dividirse, para mis creaciones que hago para otros o para mi negocio. Si no, me encuentro respondiendo a lo que se tiene que hacer para mi negocio y me pierdo las oportunidades de pintar, lo que me convierte en una Melissa cascarrabias.

¿Estás consciente de qué podría evitar que te luzcas en tus labores creativas? La mayoría de los artistas que conozco (y son muchos) descubren que están muy ocupados o dejan las cosas para después cuando se trata de encontrar tiempo para sus propios proyectos. Cualquier otra cosa, como el trabajo, socializar, atender las necesidades de los demás, puede terminar siendo prioridad. ¿Qué se necesita para que luzcas regularmente? ¿Planeas con anterioridad y te apegas a tus citas para tu proyecto? Un regalo que resulta de comprometerte y lucirte es que puedes descubrir que mientras más tiempo pases en lo que estás creando, más fácil se vuelve regresar a ello. Sugiero que te comprometas con tiempos específicos dedicados a tus búsquedas creativas.

Llama y apégate a tu intención establecida en este paso al comprometerte con tu creatividad y haciendo las cosas en el tiempo designado. Disfruta la sensación de satisfacción que resulta cuando cumples tus compromisos.

PASOS INTUITIVOS O BASADOS EN EL CORAZÓN:

Permite que tu brújula interna te guíe

En algún punto de nuestra vida la mayoría de nosotros nos enfrentamos a una situación en la que no podemos movernos debido a que no estamos seguros qué camino tomar. Tal vez te sientes miserable en tu trabajo y quieres dejarlo, pero no sabes si es el momento correcto o si encontrarás algo más que sea mejor para ti. O tal vez estés considerando terminar una relación porque no estás seguro si él o ella es el(la) indicado(a). Todos tenemos un "conocimiento" interno sobre el camino a elegir, pero con frecuencia no confiamos en él.

Mi objetivo al escribir esta sección es ayudarte a familiarizarte más con la forma en que puedes usar mejor tu brújula interna para ayudarte a guiar tu camino. Nuestra intuición es una poderosa herramienta que podemos usar constantemente. Tal vez estés consciente de una ocasión en que ignoraste una "corazonada". ¿Alguna vez has pensado "si pudiera hacerlo todo de nuevo..."? Siempre que he ignorado mis instintos lo he lamentado.

Por otro lado, no puedo recordar haberme arrepentido de las veces que *sí* escuché. Usar tu intuición puede ayudarte a navegar por los baches de la vida y también como una herramienta opcional para ayudarte en tus procesos creativos.

Todos somos intuitivos. Cuando presento ejercicios en las clases que doy sobre desarrollo psíquico, casi todos se sorprenden al descubrir qué tan intuitivos son en realidad. La intuición me habla desde mi plexo solar (el área dos dedos por encima del ombligo). Si tengo un sí a algo, siento que quiero moverme físicamente hacia delante. Si recibo un no, siento como si me encogiera. Si no escucho mi guía intuitiva, a veces experimento una ligera sensación de temor, a veces una ligera sensación de culpa. Sé que me están hablando desde mi centro, y al no escuchar me estoy traicionando. Otras personas que conozco se sienten tristes o con miedo cuando no escuchan a su guía interna. ¿Sabes cómo te sientes cuando ignoras tu voz interior?

Si no te ves como alguien intuitivo, considera que aprendemos a conocer esta parte de nosotros mismos cuando somos niños. De pequeños, cuando quienes nos rodean sonríen, sabemos que nos portamos bien y recibimos atención o una recompensa. Con intuición, aprendemos cómo relacionarnos con quienes nos criaron al entender cuándo es el mejor momento de pedir lo que queremos, o tal vez cuándo lograr que nos permitan hacer algo que normalmente nos prohíben. También entendemos qué hacer para obtener la aprobación de nuestras figuras de autoridad o amigos.

Si ves en retrospectiva a tu infancia puedes obtener información sobre hacia dónde ibas incluso a esa temprana edad. Yo estudié con Barbara Brennan, la bien conocida sanadora energética y ella me enseñó en las clases de sanación con energía que los juegos o actividades que teníamos de niños se reflejan en nuestra vida actual. ¡*Sabíamos* hacia dónde íbamos! Yo creaba "obras" (mini producciones teatrales) y fungía como directora. Cuando hago posar a las personas para pinturas me acuerdo lo familiar y cómodo que me parece ese papel. También solía coleccionar rocas, tenía cajas y cajas de ellas, además de guardar las que recogía del piso. Actualmente mi amor por las piedras se refleja en mi colección de cristales sanadores.

Soñamos todas las noches, nuestros sueños pueden volverse una importante herramienta para trabajar con nuestras facultades intuitivas porque usar nuestra intuición es útil para entender nuestros sueños. Los sueños enriquecen nuestras vidas agregándoles color y magia. El día después de tener un sueño importante, disfruto reflexionar sobre él, aceptando el reto de explorar cómo se relaciona con mi vida actual. Es un poco como hacer un rompecabezas. Permite que tus sueños se vuelvan medios poderosos para acelerar o sintonizar tus habilidades intuitivas.

Los ejercicios de esta sección pueden ser muy divertidos, a mí me encanta enviar mensajes telepáticamente y esperar a ver si son recibidos. Lo hago todos los días, incluso con mis gatos, y me sorprende (aunque no debería) cuando "llamo" a uno de ellos para que se suban a mi cama y lo que sucede a continuación es que tengo un cálido cuerpo peludo junto a mí. Estoy segura que ha habido ocasiones en que llamas a alguien solo para escucharlo decir que estaba pensando en llamarte. Pon atención a los brotes de energía en tu cuerpo que pueden estar enviándote un mensaje, escucha con un oído sensible. Toma el riesgo de funcionar lo más posible desde tu conocimiento *interno*.

Nuestra intuición es invaluable en el proceso creativo; cuando estamos sintonizados estamos abiertos a descubrir fuentes de inspiración, somos guiados a consejeros, maestros y colaboradores. Por ejemplo, si estás trabajando en una campaña en tu trabajo y sientes la necesidad de contactar a un cliente específico *¡hazlo!* Tu intuición te está hablando. Si sientes la necesidad de sentarte con alguien en particular a comer, tal vez seas recompensado con una idea que se les ocurrió a los dos mientras platicaban. Además, confiaremos más en nuestras decisiones sobre nuestros proyectos creativos, como un conocimiento de cuándo el trabajo está terminado.

Los pasos que detallo en esta sección requieren cierto tiempo y enfoque, pero servirán como barómetros para que observes cómo se vuelven más fuertes tus capacidades intuitivas. Al igual que con las otras dos categorías de pasos, podemos sintonizar nuestra intuición para mejorar nuestra capacidad de crear usando estas ideas. Esta útil brújula interna está disponible para nosotros en todo momento. Practiquemos cómo afilar nuestra intuición para lograr un continuo éxito creativo.

34. ¡Sintonizarte!

¿Alguna vez has concentrado deliberadamente tu mente en un individuo para determinar qué pasa por su cabeza, dónde está o cómo se siente? Tal vez no has sabido de un viejo amigo en un tiempo y te preguntas si está bien, o tal vez tenías una cita con alguien y te preguntas si está igual de entusiasmado que tú.

Incluso si no estamos conscientes de que lo estamos haciendo, cada uno nos hemos "sintonizado" con algo o alguien más. Si pensamos en una persona, tal vez podamos sintonizarnos naturalmente y ver una imagen de dicha persona, escuchar una frase o sentir algo en nuestro cuerpo físico. Si entendemos *cómo* se relaciona esta información con esa persona o situación, tenemos mejor oportunidad de llevar una excelente comunicación con ella. Sintonizarnos es un acto deliberado y requiere atención de nuestra parte.

¿Cómo puedes sintonizarte? Varía para cada uno de nosotros, mi forma de hacerlo es quedarme quieta, entrar en mí y abrirme a imaginar a la persona o situación que deseo. "Entrar en ti" significa cerrarte al mundo exterior para estar completamente disponible a recibir cualquier información que llegue. Yo dejo entrar a lo que quiera mostrarse cuando estoy en calma. Tal vez reciba lo que quiere mostrarse de forma visual o con mi oído interno. Cuando hago esto idealmente estoy sola y sentada en un lugar tranquilo donde sé que no seré interrumpida. Tengo los ojos cerrados para salirme del mundo exterior y hago mi pregunta en silencio o en voz alta.

Practico sintonizarme con frecuencia debido a las muchas lecturas intuitivas que hago. Como tiendo a ser más visual, el método más natural para mí es ver una foto o simplemente imaginar una imagen si estoy familiarizada con el tema. Me tomo tiempo y espero a recibir mi información, quedándome quieta hasta que surge, ya sea como una imagen o un mensaje en una frase. Con frecuencia recibo detalles muy específicos que pueden no relacionarse con la persona en quien pensaba, pero estos detalles me permiten saber que estoy en el "canal" correcto, que me estoy conectando con su ser. Incluso he obtenido respuestas en forma de canciones. Yo me sintonizo después de hacer mis preguntas en silencio o en voz alta y puedo fácilmente recibir información en forma de imagen visual en mi mente o con una "escucha" interna. Mis propias capacidades para recibir información sintonizándome han seguido fortaleciéndose y cambian con los años. A medida que desarrollas tus habilidades debes saber que sin importar cómo te sintonices, tu *enfoque deliberado* en el tema deseado es la clave para lograr resultados con este ejercicio.

Es posible fortalecer tu intuición, pero requiere práctica continua incluso si lo haces naturalmente. Disfruta de mejores capacidades intuitivas practicando creativamente la sintonización con tranquilidad, enfoque y conciencia.

35. Escuchar profundamente

El Espíritu habla de muchas formas. Mantente *alerta* para ayudar a asegurarte de no perderte ningún mensaje. Practicar estar presente (como hablamos en el paso 12) a cada momento te ayudará a evitar perderte posibles pistas. Escuchar no solo significa oír en la forma tradicional, también podemos oír cosas en nuestro "oído interno" casi como una vocecita o susurro. Tal vez encontremos una guía en una sola línea de una lectura o en una sola frase hablada que nos de pistas útiles para un tema o problema completamente diferente. Yo tal vez recoja ideas mientras platico con amigos que puedo usar para escribir, pintar o enseñar. Esas ideas llegan simplemente poniendo atención a qué tan diferente percibe alguien el tema de discusión.

Cuando escuchamos al Espíritu necesitamos ser tan objetivos como sea posible cuando obtenemos información. Si nos quedamos en nuestras propias ideas del tema, puede ser difícil aceptar lo que los demás nos proponen. En estos casos, yo dejo ir cualquier necesidad de ser autoridad o tener la razón para entender claramente los puntos de vista de otras personas.

En algunas situaciones tenemos más libertad que en otras en cuanto a cómo escuchamos. Me parece fascinante cómo puedo presentar un poema o una canción en un taller para que mis alumnos lo pinten, y qué tan diferentemente perciben los distintos participantes el punto esencial del material. Para un alumno el poema puede ser triste, pero para otro puede evocar un sentimiento hermoso, pero ligeramente melancólico, mientras que otros pueden leer algo completamente diferente en él. Llamar a nuestra intuición nos da una mejor comprensión de lo que se pretendía transmitir y dónde encaja. Si también podemos "escuchar" un *sentimiento* mientras recibimos información, tal vez captemos el sutil significado de lo que se está comunicando. Poner atención al lenguaje corporal puede ser también una poderosa forma de escuchar.

La intuición viene a mano cuando buscamos ayuda de lo Divino. ¿Alguna vez has hecho una pregunta y poco después te ha visitado la naturaleza, una mariposa cruzando por tu camino, una pluma a tus pies, ver una parvada de perdices corriendo frente a ti? Aunque tu mensaje llega visualmente, requiere que lo "escuches" porque es una respuesta visual a una pregunta que hiciste. ¿Cómo interpretas la respuesta mágica de la naturaleza? Necesitarás escuchar tus instintos. Me encantan estos mensajes, porque son recordatorios de que estoy siendo cuidada.

Haz que llamar a tu intuición para sintonizar tus habilidades de escucha sea un reto divertido. Tu capacidad mejorada de saber qué funciona para ti te guiará en tus proyectos creativos.

36. Ser receptivo

Recibimos mensajes todo el día: emociones, información, objetos físicos, el clima, sonidos, aromas, etc. ¿Qué has recibido hoy? Tal vez detectaste un cambio en el clima cuando abriste la puerta por primera vez ¿qué sentiste? ¿La belleza y frescura de un día de primavera te da inspiración? ¿Abriste la puerta y viste varios centímetros de nieve, lo que inmediatamente desencadenó una sensación que podrías usar para expresarla en el poema o novela que estás escribiendo? Tal vez tu día comenzó con una llamada de un viejo amigo que te recordó momentos alegres o alocados, ¡más material para tu creatividad!

Recibir es un estado tanto activo, como pasivo. Decidir ser receptivo es la parte activa de la ecuación. Al invocar nuestra creatividad nos abrimos a diferentes formas de interpretar lo que hemos recibido y obtenemos nuevo material para nuestros proyectos creativos. Para realmente recibir información nos dejamos ir a un estado más pasivo. Podemos entrar a un estado pasivo al tranquilizarnos y dejar que nuestros pensamientos se alejen. Sin pensamientos en los cuales centrarnos, estamos relajados y en el "punto central", un lugar de neutralidad donde la nueva información puede encontrar su camino si decidimos permitírselo.

Aprender a meditar es la forma más directa de familiarizarte con encontrar tu camino hacia este estado del ser pasivo/receptivo.

A veces nuestra intuición nos da pistas importantes sobre lo que sucede con quienes están en nuestra vida. Si tienes el impulso de llamar a alguien cuando recibes un pensamiento o sensación sobre dicha persona, ¿actúas para confirmarlo? A veces damos por sentado estos "arroyos entrantes", sin darnos cuenta que estamos recibiendo algo que podría ser información importante. Puedo estar en cualquier parte, en cualquier momento y tener lo que llamo una "noticia de última hora" sobre alguien.

Aprendí a tomar nota de esto y revisar para ver si estoy en lo correcto, y nueve de cada diez veces, hay al menos cierta correlación entre el contenido de la "noticia" y lo que le está pasando a esa persona.

Tu intuición se ejercita cuando practicas recibir activamente. Usa el pensamiento creativo cuando recibas tu información para ver cómo encaja, especialmente con relación a los proyectos creativos que quieres lograr.

37. Enviar

¿Has intentado enviar a un amigo un mensaje psíquico? ¿Recuerdas alguna ocasión en que hayas pensado en alguien que te contactó inmediatamente? O viceversa ¿le has llamado a alguien que te dice que te acababa de escribir? ¿Quién fue el emisor y quién el receptor?

Encuentra a alguien que esté dispuesto a ayudarte e intenta lo siguiente:

1. Decidan quién será el emisor y quién el receptor.
2. Elijan un momento conveniente y acuerden que uno le enviará un mensaje al otro.
3. Decidan cómo lanzará el mensaje el emisor. Puede ser por medio de:
   a) Una fuerte imagen visual.
   b) Tocar una canción y concentrarse en la melodía o la letra.
   c) Liberar un aroma al cortar un limón o rociar una fragancia.
4. Prueben sus resultados. También debes tratar de alternar los métodos de enviar a través de los sentidos antes de cambiar papeles.

Los regalos aquí son dobles. Descubrirás si eres mejor emisor o receptor, y *cómo* envías y recibes más fácilmente.

Aquí tienes algunos experimentos adicionales:

- Si estás tomando una clase, envía al maestro el mensaje de que te elija a ti cuando todos levanten la mano.
- Envía un mensaje a un amigo con quien no has hablado en mucho tiempo y nota cuánto tardas en recibir una respuesta, si la recibes.
- Llama en silencio a tu mascota y nota cuánto pasa antes de que aparezca.

No te desanimes si tus receptores no responden, así como tenemos mejor comunicación literal con algunas personas, nos conectamos con las vibraciones energéticas de algunas personas más fácil que con las de otras. Y puede ser tan simple como que tu receptor no esté en el momento correcto y no reciba tu mensaje como lo haría en otro momento.

Muchos de nosotros rezamos. Los efectos del poder de enviar amor y oraciones han sido muy bien documentados. Las oraciones son un ritual diario para mí, comienzo y termino el día enviando amor y oraciones a los necesitados y a quien me venga a la mente.

Al enviar encontramos un campo excelente para mezclar nuestra intuición y nuestra creatividad, ya que podemos llamar a nuestra imaginación para que cree un número *infinito* de formas de usar, y por lo tanto fortalecer, nuestra intuición.

38. Contemplación

¿Ya has identificado algo que quieras explorar creativamente? La contemplación de por qué te atrae tanto puede ser útil, ya que entender *por qué* te sientes llamado a esta actividad acentuará estos aspectos en tus creaciones. Mientras contemples, nota si tu atracción es estética, emocional, intelectual, o interesante. *¿Qué hay* en eso que te atrae? Por ejemplo, si estoy viendo unas fotos para decidir qué pintar, reduzco las opciones y las pongo frente a mí. Cuando tomo mi decisión final, observo bien y considero por qué me interesa esta foto.

Si entiendo que lo que llama mi atención es el estado de ánimo que transmite la imagen, tomo decisiones de color, medio o tamaño que enfaticen ese estado de ánimo.

Tal vez tú disfrutes las telas, contempla cómo puedes sacar lo mejor de eso. Al hacerlo, tal vez decidas aprender a hacer una colcha o hacer unas nuevas cortinas. Si te gusta la comida, tal vez consideres cuáles son tus combinaciones de sabor favoritas y experimentar con algunas nuevas creaciones culinarias.

Cuando nos detenemos y vemos las cosas desde fuera podemos ser objetivos, lo que nos permite la realización de ideas creativas que pueden estar en algún sitio en nuestra cabeza. La contemplación es diferente a la meditación en que la *contemplación* infiere un tema "¿sobre qué estamos contemplando?", mientras que la *meditación* sugiere ir hacia el punto inicial, el lugar donde no hay nada. Podemos usar la contemplación para descubrir tesoros escondidos para el enfoque creativo.

Si no has recibido tu "llamada" creativa, reflexiona sobre qué te ha inspirado últimamente. Usa tu intuición y siente lo que puede estar en tu subconsciente, o tal vez lo que ha aparecido repetidas veces en tu entorno. Cuando hayas identificado lo que puede haber para ti, retrocede y examina por qué está apareciendo este elemento.

La contemplación te ayuda a familiarizarte con la forma en que puedes identificar intereses no descubiertos

o refinar los existentes. Sigue tus descubrimientos intro-
duciéndote en ellos con una conciencia expandida de
cómo sacar mayor provecho de tu creatividad.

39. Trabajo con los sueños

Los sueños son una maravillosa fuente de entendimiento
para nuestros trabajos internos. Aprender lo que trata
de decirnos nuestra alma (o inconsciente, subconsciente,
ángeles o guías) en los sueños, con frecuencia requiere
que usemos nuestra imaginación de forma muy amplia.
La interpretación literal de los sueños no es tan benéfica
como mirarlos más metafóricamente.

Inmediatamente después de despertar de un sueño,
yo lo reviso lo más objetivamente posible, mientras sigo
en estado semiinconsciente me es más fácil entender el
significado del sueño. Llamo a mi intuición para entender
los mensajes viendo el sueño desde un punto de vista
imparcial, como observadora. Con frecuencia mis sueños
son reflejo directo de actividades y cosas que están
pasando en mi vida en ese momento, trayéndome una
mayor conciencia de mi estado emocional.

Carl Jung fue un psiquiatra suizo que enseñó que hay temas arquetípicos en los sueños que cruzan de una cultura a otra con significados específicos. Notó que ciertos
símbolos en los sueños poseen el mismo significado

universal para todos los hombres y mujeres. Él llama a este fenómeno la "inconciencia colectiva". Yo comparto esa idea, y también siento que debido a que los sueños son personales, debemos interpretar nuestros significados individuales dentro de nosotros mismos. Otros enseñan que los diferentes personajes en los sueños son diferentes aspectos de nosotros mismos. Yo pruebo todos en mi trabajo de detective para encontrar los significados de mis sueños.

Temas de los sueños

Ponerle nombre a los sueños ayuda a entenderlos, al nombrarlos nos forzamos a considerar el tema de los mismos. A veces funciona tratar de entender las imágenes y situaciones intelectualmente, pero si no podemos hacerlo de forma racional, podemos reconocer qué emoción puede estar relacionada con el sueño. Si tengo un sueño muy molesto, tal vez descubra que me dirige a un área de algún asunto inconcluso. Por ejemplo, puedo despertarme con el recuerdo de momentos divertidos con un viejo amigo con quien tuve un problema y el sueño puede ayudarme a tomar la decisión de si quiero arreglar la amistad o dejarla ir.

Trabajando con la información de los sueños

Yo creo que el Espíritu y mis guías me ayudan durante mis sueños. Los llamo "sueños de aprendizaje", y esos sueños me pueden dejar exhausta al despertar. He tenido recuerdos de estar en una ceremonia con maestros poderosos e incluso si despierto cansada, me siento agradecida porque sé que está sucediendo una enseñanza especial. Estos sueños son diferentes porque tienen una muy poderosa y especial sensación y son escasos.

En algunas culturas indígenas, los sueños se toman muy en serio. En la mañana, lo primero que hace la tribu es compartir sus sueños y considerar los dones de los sueños como una manera de información, como hacia dónde ir o qué puede suceder con el clima.

SACANDO EL MAYOR PROVECHO
LOS BENEFICIOS DE TUS SUEÑOS

Cada noche, antes de ir a dormir, hablo en voz alta y pido al Espíritu y a mis guías que me ayuden durante mi sueño. Si tengo un tema en particular con el que necesito ayuda, lo digo también. Normalmente los sueños que recuerdo y que siguen esta práctica están conectados con el tema.

Escribir nuestros sueños nos ayuda a recordarlos. También podemos tener una mejor comprensión de ellos al compartirlos. Otros con frecuencia ven cosas que a nosotros pueden escapársenos. Ya sea que hagas un intercambio o una revisión en solitario, mientras más pronto examines tus sueños al despertar, más fácil entenderás su significado.

Descubre y aprende a interpretar los regalos en tus sueños para maximizar los beneficios de estas ofrendas inconscientes. Estarás haciendo un trabajo creativo al aprender a envolver tu mente en escenarios coloridos que suceden cada noche.

40. Ser flexible

En ocasiones puedo ser muy cuadrada en mi pensamiento. Hacer arte me recuerda pensar más allá y es mi método para resolver un problema. Puedo lograrlo en el lienzo en forma de ideas que en general no me cabrían en la cabeza; puedo pensar que necesito un lobo en una pintura, pero soy lo suficientemente flexible para admitir que si la composición que he creado no encaja con el tamaño o color del lobo, debo estar dispuesta a aceptarlo y dejar que evolucione el tema inicial de la pintura. Me parece muy emocionante experimentar con opciones fuera de mi idea inicial para descubrir cómo un concepto se puede expandir en diferentes direcciones.

Ser flexible es muy importante para expandir la creatividad. Todas las artes son grandes maestras del cambio. Muchas veces mis alumnos vienen a la clase decididos a pintar un tema en particular, pero las pinturas por sí mismas pueden dictar el siguiente trazo e incluso cambiar el tema. Cultivar la flexibilidad es una herramienta que podemos usar en todas las áreas de nuestra vida para tener más alegría. Cuando dejamos ir lo que pensamos que queríamos, lo que resulta puede ser muy liberador.

Nuestra intuición es útil para saber dónde debemos ser flexibles y cómo podemos hacerlo. Por ejemplo, al

planear tu fin de semana (o cualquier otro tiempo libre)
usa tu intuición para decidir dónde podrías lograr mejor
las labores obligatorias y sé creativo al programar el resto
de tus actividades a tu satisfacción. Yo puedo intuir que
querré pintar durante el día, así que programo el resto
de mis actividades alrededor de eso, usando mi mejor
energía para el arte y programando las otras tareas para
dar esa prioridad.

La flexibilidad dentro del alcance de cualquier labor
creativa, abre el camino hacia una continua capacidad de
abrirse a nuevas y diferentes formas de ver las cosas que
surgen de los proyectos creativos en cada aspecto de la
vida diaria. Usa esta información para disfrutar una mayor
flexibilidad en *todas* las áreas de tu vida.

41. Preguntar/escuchar

¿Alguna vez le has pedido ayuda al Espíritu para una situación y te has descubierto buscando "signos" que puedan ser tu respuesta? El simple acto de hacer una pregunta
y prestar atención a los mensajes que llegan en cualquier
variedad de formas puede convertirse en una segunda
naturaleza. Me parece gratificante leer las respuestas de
la naturaleza. Existen muchas historias de personas que
se comunicaron por medio de mariposas con sus seres
queridos difuntos. Como yo pinto tantas mariposas, la
gente con frecuencia me escribe y me comparte las más
mágicas historias sobre cómo estas hermosas criaturas
aladas han aparecido para dar todo tipo de mensajes, pero

la mayoría tienen que ver con seres amados difuntos que querían decirles que seguían aquí y estaban disponibles.

Desde la adolescencia yo juego a hacer una pregunta y cambiarle a la radio para ver qué sale en la primera canción, o solo cambio la estación y descubro una canción que habla de lo que pregunté. Luego uso mi intuición para ayudarme a entender las pistas. Aunque este no es el método más válido para escuchar, pero me parece divertido y es un buen ejercicio de intuición.

He convertido en una práctica pedirle al Espíritu y a mis guías ayuda con un problema antes de irme a dormir y ver qué surge en mis sueños, pero no limito esta actividad a mis sueños. Si estoy perdida, simplemente camino por la calle y pido señales que me lleven a la dirección correcta. Tal vez use esa caminata como una oportunidad de ponderar una situación con la que necesito ayuda y encontrar señales que representen soluciones. Casi siempre recibo una dirección, solo necesito saber cómo interpretar lo que me están enviando.

Un paso en falso común con este ejercicio es ser demasiado literal con las interpretaciones de lo que podrían parecer "señales". Aquí es donde entra en juego la intuición, después de hacer una pregunta (ya sea interna o externamente en voz alta); deja ir tu mente analítica y racional y relájate en una conciencia más receptiva. Abre *todos* tus sentidos, si eres visual, seguramente obtendrás respuestas en imágenes. Si eres más auditivo, tal vez escuches tu mensaje, si eres empático, tal vez recibas el mensaje en forma de sensación dentro de tu cuerpo. Yo soy empática, así que estoy acostumbrada a las sensaciones que tengo cuando estoy sintonizada, en ocasiones son muy sutiles, pero definitivamente están ahí. Por ejemplo, cuando estoy haciendo una lectura para alguien y tengo una sensación como un ligero y corto dolor o una rápida sacudida o tic en alguna parte del cuerpo, sé que el cliente tiene algo que explorar en el mismo lugar en su propio cuerpo.

La técnica de preguntar-escuchar puede ayudarte a aprender cómo es más probable que recibas tu información, y además es divertida. Te deleitarás en las percepciones que es posible que con anterioridad te has inclinado a ignorar.

42. Hacerle caso a tus corazonadas

No siempre sabemos por qué "tenemos una sensación" respecto a algo, pero si hacemos caso a nuestras corazonadas, es muy probable que seamos recompensados. Por ejemplo, si dejamos que nuestra intuición nos dirija a nuestro siguiente material de lectura, tal vez nos sorprenda lo que encontremos. Como creativos, cuando practicamos seguir lo que nos atrae sin analizarlo de más, estamos ejercitando nuestros músculos creativos.

Hacerle caso a nuestras corazonadas requiere confianza. Yo nunca me he arrepentido de hacerlo, pero me *he* arrepentido de *no* escuchar. ¿Te acuerdas de alguna decisión que tomaste y que iba contra tu deseo interno? Yo sí. Durante esos momentos, puede ser útil averiguar por qué tomamos decisiones que no estaban alineadas con lo que sentíamos que sería lo mejor. Al ver honestamente la razón por la que decidimos no seguir a nuestra voz interna, podemos descubrir claves de la razón por la que arrastramos viejos patrones de falta de confianza en nosotros mismos, lo que nos da la oportunidad de cambiar estos mensajes o miedos internos con una más fuerte y confiada sensación del ser.

Para trabajar con este paso, ponte creativo para seguir las pequeñas "pistas" que recibes durante el día. Si vas manejando y sientes la necesidad de tomar una ruta diferente, no lo cuestiones, hazlo. Si estás pensando en llamar a alguien, llama. Toma esto como una invitación a descubrir los beneficios de actuar siguiendo tus corazonadas para ver qué sucede.

43. Intuición social

Las situaciones sociales, como las fiestas y reuniones con extraños son grandes espacios para practicar pulir tus habilidades intuitivas. Aquí te dejo un ejercicio divertido: simplemente nota hacia quién te sientes atraído, sin preguntarte por qué. A medida que observas discretamente a esta persona, permite a tu cerebro "suavizarse" y notar las impresiones que recibes. Por ejemplo, tal vez te preguntes si la persona está casada, si tiene hijos, dónde vive y más. Más adelante, durante la reunión, trata de encontrar la oportunidad de hablar con esa persona, o, si perdiste esa oportunidad, pregúntale a alguien que lo conozca si lo que percibiste es correcto.

También puedes encontrar otras formas de usar una situación social para intuir. Cuando llegues a un evento social (y no conozcas a la mayoría de la gente), observa rápidamente el lugar y, sin pensarlo mucho, ve si puedes predecir quién será el alma de la fiesta, quién se quedará en los rincones, quién terminará conversando con quién, o quién se conectará con quién. También puedes ver si puedes intuir cuándo será el momento cumbre del evento y cuándo terminará. No tienes que limitar este reto a una fiesta, puedes ver una película, concentrarte en uno de los actores que te guste y hacer lo mismo. (Puedes confirmar tus corazonadas sobre la película, el actor en cuestión y más buscando en Internet, después, no durante la película).

Si quieres ir más allá, trata de sintonizarte con el evento antes de llegar. Puedes decidir concentrarte en el ánimo general del evento, en quién irá, qué habrá de comer, o cualquiera de las preguntas de arriba que puedas confirmar al llegar.

La intuición puede hacer muchas reuniones más interesantes, especialmente si no tienes muchas ganas de ir. Asegúrate de sacar lo más posible de tus futuras actividades al probar creativamente tus habilidades.

44. Finjamos

¿Por qué *no* soñar en grande? Nuestras fantasías crean realidades, de verdad. Incluso si no logras tu fantasía totalmente, tal vez te conformes con avanzar hacia ella. Si no estás feliz en tu trabajo y finges que estás en el trabajo perfecto, tal vez descubras los elementos de lo que te gustaría en un ambiente laboral, lo que te permitiría buscarlo cuando estés listo para tomar acción y hacer un cambio de carrera.

Es muy útil poder "verlo" para ayudarte a "lograrlo", sea lo que sea "eso" para ti. El pensamiento limitado se interpone en imaginar lo que podemos crear. A mí también me parece útil hablar de lo que quiero crear para afirmarlo, lo que lo hace más real y pone las cosas en mejor perspectiva.

He jugado "finjamos" desde que tengo memoria. No es que no esté contenta con lo que tengo en mi vida cuando lo juego, es solo que ha sido una forma de abrir mi imaginación a posibilidades que podrían no ser evidentes en mi rutina diaria.

Me reto a pensar tan en grande como pueda cuando sueño despierta. Siempre me sorprende cuando le pido a otros que jueguen a fingir conmigo y noto lo difícil que les resulta abrir sus mentes a escenarios que parecen imposibles. Tenemos que pensar antes de lograrlo, o incluso avanzar en esa dirección.

Cuando practiques crear tu fantasía, no dejes que las voces que limitan tus opciones jueguen contigo. Escúchalas, y examina dónde y cómo le pones límites a las cosas, pero sigue abriéndote a un sentido más expandido de la realidad donde todo puede pasar. Yo sé que tengo tendencias que pueden hacerme creer que lo que deseo podría no suceder, por lo tanto, me es útil practicar fantasear para seguir fortaleciendo ese "músculo".

La siguiente vez que tengas la oportunidad, juega "finjamos" con tus amigos y ve qué tan creativo puedes ser en tus fantasías, o hazlo solo y prueba tus resultados.

45. Escritura automática

Imagina poder sentarte y escribir, solo para descubrir que lo que sale de ti es una sabiduría interna, una respuesta a una situación que no te ha sucedido aún. La escritura automática es sentarte a escribir sin pensar, ¿suena raro? Al principio podría ser extraño, pero podría sorprendernos lo que aparece en el papel. Este proceso es una forma de extraer ideas que después podemos aplicar a otras salidas creativas. La primera vez que escuché de la escritura automática no lo creí. Me pregunté cómo podía salir algo de mí sin haberlo predicho. Pero así es. Muchos canales (personas que dicen haber recibido información de los difuntos o que existen en otros planos de conciencia) reciben esta información en forma de escritura automática.

Nosotros también podemos entrar en este tipo de estado de trance o elevación en el que nuestra mente analítica se sale del camino para dar paso a un mayor flujo de información de nuestro subconsciente.

Obtendrás el mayor beneficio de esta herramienta al hacerlo habitualmente, especialmente al principio en tu práctica de escritura. Cuando tu mente está preocupada es más difícil fijarte en una tarea, puedes despejar tu cabeza en la mañana con un poco de escritura automática, dejándote una "página en blanco" sobre la cual imprimir tus ideas.

No hay necesidad de prepararse, ya que el acto de escribir es lo que despeja tu mente. Yo simplemente me siento, respiro y dejo que la pluma fluya. No es absolutamente necesario hacer este ejercicio en la mañana, pero al hacerlo *regularmente* el ejercicio se convierte en un hábito y por lo tanto, es más fácil dejarte ir con el flujo. También puedes experimentar con este paso enfocándote en un tema y comenzando una sesión de escritura automática sobre este en particular. Puedes hacerlo en tu computadora o a la antigua, con papel y pluma; para mí funciona mejor con papel y pluma.

Disfruta la sensación de dejarte ir a un estado elevado y ver qué quiere surgir en tu papel. Tal vez te sorprendan los interesantes datos que tienes en el subconsciente.

46. El caos como una fuerza creativa

A veces cuando mi oficina o estudio están desordenados, me tropiezo con una foto o escrito, o incluso un artículo que había guardado, y me encuentro con una nueva idea. Tal vez no pueda actuar inmediatamente al respecto, pero lo anoto para usarlo como referencia futura. Incluso en mi habitación, si no me he dado el tiempo para limpiar, tal vez me encuentre un collar o pulsera que había olvidado y que podría ser el perfecto complemento para una prenda que compré recientemente.

Podemos dejar que el caos sea una fuerza destructiva, o podemos dejar que nuestras opciones creativas nos saquen del desorden con renovada energía para los cambios que deben suceder. Con el caos puede venir lo inesperado, y lo inesperado puede traer valiosos regalos, como nuevas perspectivas. Podríamos pensar en el estereotipo del profesor chiflado, que brilla en medio de una montaña de papeles apilados en un escritorio. Ya sabes, quienes saben exactamente dónde está cierto objeto escondido entre esas pilas también parecen tener la capacidad de tener ideas ingeniosas en cualquier momento.

Algunas personalidades sienten que no pueden funcionar bien en un ambiente desordenado, les molesta. Yo respeto que todos tengamos nuestras preferencias, pero si caes en esta categoría, trata de experimentar en *chiquito* para ver si puedes encontrar regalos inesperados en un ambiente con menos estructura.

Tal vez descubras que encuentras regalos creativos en momentos de caos emocional también. Idealmente, a todos nos gusta estar en paz, pero a mí me han surgido imágenes increíbles en tiempos de crisis o en otro tipo de problema emocional. Algunas de mis obras de arte más poderosas se crearon en tiempos de duelo o desastre.

Usa este paso para experimentar con diferentes estados de desorden para saber cómo puedes obtener nuevas ideas creativas. Si te descubres en un huracán emocional o físico, da un paso atrás y ve cómo puedes crear algo nuevo de cualquier pedacito de caos. Si podemos avanzar conscientemente a través del desastre, podrían haber caminos hacia interesantes creaciones.

47. Bloqueo creativo

Al empezar con lo que dominamos, identificamos un punto de partida, una entrada donde no es probable que nos quedemos atrapados. ¿Conoces tus fortalezas en cuanto a lo que te interesa crear? Haz una lista de tus atributos, si te es difícil identificarlos, pregúntale a un amigo o dos en quienes confíes para saber cómo perciben tus talentos. Si sabes que eres bueno para diseñar, ofrécete a decorar las mesas en un evento. Reforzar las cosas en las que somos buenos a voluntad, finalmente nos da la confianza de crear habilidades en otras direcciones. Al empezar con lo que sabemos que hacemos bien, identificamos un punto de partida, una entrada donde probablemente no nos quedaremos atrapados.

A la inversa, ¿sabes qué contribuye a un bloqueo creativo en ti? Comenzamos a descubrir lo que forma nuestros bloqueos únicos al proceso creativo, tomando conciencia de los disparadores. El miedo está en la raíz de cualquier cosa que nos haga dudar, por lo tanto, identificar nuestros miedos nos da información a partir de la cual comenzar a crear confianza. Al encender una linterna sobre lo que nos da miedo, le damos luz a dichos miedos y podemos trabajar en lo que debemos hacer para ayudar a disolverlos.

En mi experiencia, la comparación bloquea a mucha gente más que cualquier otro componente. Siempre habrá alguien más creativo, más capaz, mejor adaptado, etc. Nunca podemos "ganar" cuando comparamos. Confía en tu conocimiento intuitivo para identificar *tus* mayores dones y poder avanzar con confianza. ¿Estás rodeado de gente que aprecia lo que haces y te apoya? ¿O por gente que se inclina hacia la negatividad e influye de formas sutiles en ti? Quienes están en modo de víctima, siempre quejándose, drenan tu energía, dejándote menos espacio para la creatividad.

Exprimir nuestras actividades creativas cuando no tenemos una energía óptima o cuando no damos una ventana lo suficientemente grande, también contribuye a los sentimientos de incompetencia. Trata tu proyecto como algo sagrado, dándole el tiempo y la energía fresca que merece. Cuando brillamos y estamos abiertos, nos colocamos en el mejor espacio posible para permitir que el brillo aparezca.

Usa este paso para despejar lo que se interpone entre tú y tu progreso y crea las mejores situaciones para promover, no disminuir, tus ideas creativas.

48. Compromiso

Cuando estaba en la universidad llegué tarde al semestre después de que me transfirieron a una escuela de arte diferente y me enteré que no había estudios disponibles. Me puse creativa y arrastré mi enorme caballete y mis lienzos hacia fuera y pintaba en los pasillos de los edificios, el único espacio lo suficientemente grande para pintar las grandes superficies que me imaginaba. Uno de mis estudios de pintura en Nueva York estaba en el sótano de una vieja casa en tan mal estado que no tenía agua corriente, ventanas o baño. Me llevé mis pinceles a casa para lavarlos y creé algunas de las que considero mis mejores obras de arte en el estudio en ruinas.

Ponernos creativos con compromiso puede ayudarnos a lograr nuestras metas. También he tenido que ser flexible para asegurarme de poder recibir mi dosis creativa e intuitiva. Por ejemplo, si no tengo los materiales que normalmente hubiera elegido y siento el llamado de captar una imagen, sea una persona, un paisaje o un interior, tal vez deba conformarme con bosquejar y hacer notas que pueda después traducir en la pintura. Cuando tengo la urgencia de crear me aseguro de hacerle caso a ese impulso haciendo lo que sea necesario para crear *mientras la energía está conmigo*. Eso puede involucrar cancelar planes, cambiar un horario, levantarme más temprano, o lo que sea para encontrarme con la musa.

El compromiso es especialmente importante en colaboraciones, que incluyen las demás artes. Si te piden dejar ir una idea u opción por el bien del proyecto, sería importante poder intuir si es la opción adecuada para ti. Saber cuándo quedarte con tus ideas involucra confiar en tu ser interno y en las personas con las que colaboras.

Si lo que te detiene cuando te piden que te comprometas es tu ego y sabes que al final tendrás que soltar tus ideas, podría ser una gran oportunidad para practicar la flexibilidad. Los proyectos en los que trabajas con otros, como publicistas, directores, compositores, son excelentes herramientas para aprender a equilibrar tus ideas con lo que es importante para las necesidades de todos los involucrados. Si te piden que te olvides de algo que consideras el aspecto principal de tu creación, llama a tu intuición y busca formas de amablemente apegarte a tus ideas.

El compromiso es un arte en sí mismo. Cuando practicamos usar la intuición para aprender qué es bueno para nosotros en diferentes situaciones, podemos vernos recompensados con una mayor autoconfianza, así como con la capacidad de ser flexible de formas que tal vez no habíamos considerado.

49. La experiencia de la parte derecha del cerebro

Con frecuencia veo caras de sorpresa cuando menciono la parte derecha/izquierda del cerebro en conversaciones. La experiencia de la parte derecha del cerebro es la de ser receptivo. En lugar de pensar o analizar, somos más pasivos para recibir. Cuando estoy pintando, paso mucho tiempo en la parte derecha de mi cerebro, donde encuentro que todo tipo de información, ideas y emociones entran fácilmente porque estoy muy abierta. Esta receptividad mejora mis pinturas de diferentes formas. Cuando estoy abierta a la emoción que entra, esa emoción viaja y se refleja en el lienzo. Cuando estoy en la parte derecha de mi cerebro, estoy abierta y "veo" adiciones y cambios en mi trabajo que no había planeado.

Hacer arte visual, tocar música, escribir o cualquier otro arte es una excelente herramienta para dejar fluir los jugos creativos. Incluso si nos sentimos bloqueados al expresarnos, necesitamos hacerlo. Como los atletas hacen ejercicio, nosotros podemos ejercitar y fortalecer nuestra creatividad. Intenta una forma de arte o medio creativo diferente a tus actividades normales y descubre a dónde te lleva eso. Cuando dejo mi pincel y escucho música o escribo, dejo que esto me guíe. Puedo predecir que una acción llevará a la otra y a otra, y antes de darme cuenta, estoy en modo creativo.

Voy de la parte derecha a la izquierda de mi cerebro cuando trabajo, disfrutando estar en la parte derecha mientras pinto y cambiándome a la parte izquierda cuando me alejo para analizar cómo va la pintura. En la parte izquierda, analizo, critico, tomo decisiones conscientes sobre las ideas que recibo e implemento mientras estoy en la parte derecha.

Este movimiento de la parte derecha a la izquierda del cerebro es natural y automático y sucede en todas las actividades creativas. Trata de reconocer cómo funcionan en ambos lados de tu cerebro para entender mejor cómo sacar más provecho de tu proceso creativo.

50. Zambullirse

Acercarse a una hoja de papel en blanco, a un lienzo vacío o al principio de cualquier incursión creativa puede ser aterrador. Algunos no podemos ir más allá de este primer paso. Existen muchas formas de vencer estos miedos, pero todos requieren la voluntad de al menos dar un pequeño salto. Si no he pintado en un tiempo y tengo problemas para zambullirme, me gusta pintar sobre una pintura existente que no esté funcionando. Un escritor podría tratar de desarrollar una historia o canción escrita antes y que podría resultar en un nuevo trabajo. La intuición puede guiarnos a estos lugares para zambullirnos.

Yo uso algunas herramientas cuando tengo la necesidad de pintar pero no sé por dónde empezar. Mis dos favoritas son:

1. Revisar pinturas que comencé pero me quedé atorada.
2. Hurgar en mi pila de fotos en busca de una imagen que estimule mi imaginación.

Cuando veo una obra que no he visto en un tiempo, la veo con nuevos ojos y con frecuencia sé exactamente qué debo hacer para que funcione. Cuando comienzo las adiciones o cambios en la pintura, me "caliento" lo suficiente para acercarme a un nuevo lienzo u hoja de papel. Este ejercicio de calentamiento me ayuda a relajarme e iniciar mi proceso de pintura. También he adaptado este proceso a mi escritura.

También conservo fotos como acordeón para darme ideas si necesito un punto de partida. Cuando veo o tomo una foto que podría querer usar en una pintura, la guardo con el título adecuado en mi archivo. Si el enorme y malo monstruo del lienzo me intimida, abro el archivo y busco hasta que encuentro algunas imágenes que me llaman. Después de seleccionar con la que quiero trabajar, comienzo.

Otra herramienta útil para mí es trabajar en más de una pintura a la vez. Si me atoro, paso a otra para mantener el flujo creativo. Sé que suena extremo, pero soy conocida por trabajar en unas cuatro o cinco pinturas a la vez. Estas herramientas se pueden aplicar a otros medios creativos también.

Si estás nervioso y estás retrasando tu trabajo porque no sabes dónde o cómo empezar, intenta algunos ejercicios de calentamiento en otro lado, después llama a tu intuición y pídele que te ayude a saber qué te interesa más y ¡zambúllete!

51. Experimentar con diferentes medios

Me gusta trabajar en varios medios, dibujo, arcilla, metal y más, pero me siento más plena cuando pinto. Si tienes límites de tiempo, antes de iniciar una actividad creativa usa tu intuición para saber qué te emociona más. Si ya estás comprometido con un medio o actividad en particular, trata de mezclar otros estilos para ver cómo se podrían mejorar tus proyectos actuales al aprender otras actividades. No necesitamos confinar la mezcla de los medios estrictamente a las bellas artes, podemos incluso considerar encontrar las cortinas perfectas para nuestro sillón al mezclar los medios.

Cuando descanso de pintar para escribir, recibo beneficios, ya que mi creatividad se ha ejercitado usando un formato diferente. Algo de lo que escribo me da ideas que quiero ilustrar. Combino la fotografía con la pintura

frecuentemente porque me inspira trabajar con imágenes de la vida "real". Fotografiar la perfecta niebla de la
montaña por la mañana puede resultar en una pintura o
incorporarse a otra. Al tomar un curso de creación de libros
hace años, obtuve nueva información sobre materiales,
como diferentes tipos de pegamento y papeles, que uso
en algunos de mis *collages*. Cualquier actividad creativa te
puede abrir a otras aventuras de la imaginación.

Ensamblar o hacer *collages* es una gran forma de
combinar medios, yo puedo ir de lo bidimensional a lo
tridimensional. Tal vez empiece pintando y después agre-
go pedazos de papel, tela, plumas, huesos y más, siguiendo el tema en el que esté trabajando. A veces descubro
que al trabajar con estos objetos aleatorios, el ímpetu
de lo que comenzó como mi tema, cambia, y disfruto de
los beneficios creativos de soltar. Cortar y pegar para
hacer un *collage* no requiere ninguna capacitación artística.

Las colaboraciones entre artistas visuales, músicos
y poetas pueden ser grandiosas. He tenido la oportunidad de hacerlo en algunas ocasiones con un poeta y un
músico. Usamos los poemas como "base" para el proceso.
Yo comencé mi parte de la colaboración estudiando el
poema para encontrar pinturas mías que lo pudieran
ilustrar adecuadamente. El músico hizo música inspirada
en el ánimo del poema. El resultado fue una maravillosa
combinación de todos estos medios en una obra que
fue altamente eficiente al comunicar el tema de la pre-

sentación. El poder de la obra fue un producto de nuestros esfuerzos conjuntos.

Mis incursiones en otros medios siempre me han dado más inspiración para mis pinturas, incluso si solo cambié de la acuarela a los óleos. Agita un poco las cosas y ve qué pasa cuando regreses a tu forma normal de crear.

52. Dejar que el trabajo te guíe

En cierto momento, una aventura creativa adquiere vida propia. Si prestamos atención, podemos trabajar con la creación para lograr un éxito óptimo. Me encanta ver el gusto en la cara de mis alumnos cuando se alejan de sus dibujos o pinturas y descubren una cara oculta en una nube o un ave en el follaje. Cuando no nos damos el espacio para ver nuestro proyecto, nos perdemos oportunidades de ver la magia que puede traer consigo el trabajo en sí.

¿Hacia dónde estás gravitando? Este paso tiene dos partes:

1. Estar presente en el momento.
2. Usar la intuición para reconocer el objetivo.

El objetivo es crear un sentido de reconocimiento sobre hacia dónde o qué nos están guiando a hacer. Si estoy tan obsesionada con la forma en que debe verse una pintura al final, me voy a perder deliciosas sorpresas que salen de forma natural. A menos que trabaje en una imagen muy específica por encargo, disfruto dejar que la pintura forme parte del proceso también. Si vas a decorar tu habitación, por ejemplo, tal vez tengas un tema que quieras crear y tengas los colores en la mente, pero si pones atención a medida que vas haciéndolo, encontrarás que tal vez te sientas inclinado a elegir tonos adicionales o algunos acentos diferentes.

Cuando escribes tal vez tengas una idea de una historia cuando empiezas, pero a medida que avanzas, te das cuenta que la naturaleza de uno de tus personajes es diferente a lo que habías creado originalmente. El carácter de esta persona dicta un cambio en la trama que lleva la historia en una dirección completamente nueva. Dejar que la actividad se haga cargo puede aplicarse a los sucesos de todos los días también. Tal vez te estés divirtiendo haciendo un platillo de una receta, pero si crees que se podría mejorar con un ingrediente diferente o adicional, ¡úsalo!

Cuando nos alejamos y permitimos que entre la magia, nos abrimos a regalos inesperados. Cuando nuestro trabajo nos guía, practicamos dejar que nuestras creaciones nos dirijan en lugar de quedarnos con resultados fijos, y al hacerlo con frecuencia obtenemos más de lo que imaginamos inicialmente.

53. Regalar

¿Te descubres parado en el pasillo de una tienda la víspera de Navidad buscando el regalo perfecto, o perdiendo horas buscando en sitios en línea? A mí me encanta dar, he notado que la mayoría de la gente tiende a disfrutar cuando entrega sus regalos.

Hace años empecé la práctica de comprar (o mejor aún, crear) algo porque tengo el conocimiento interno de qué sería perfecto para alguien que conozco y guardarlo en un cajón o espacio especial en mi armario hasta que estoy lista para darlo.

Regalar no significa dar cosas materiales, si estamos sintonizados con alguien tal vez sepamos que incluso un simple abrazo cuando se siente mal, será recibido como regalo. La clave es sintonizarnos. Recuerdo haber pasado tiempo valioso, pero corto con una amiga en una playa; mientras yo caminaba ella se dio cuenta que era tarde para sacar a pasear a sus perros, pero antes de irse dejó un círculo de erizos de mar y pétalos de flores colocados alrededor de mi silla. Se pueden imaginar mi gusto cuando regresé y vi este hermoso regalo.

Podemos practicar usar nuestra intuición no solo al elegir los regalos ideales, sino en saber cuándo darlos. Yo prefiero sorprender a mis seres queridos con regalos en momentos inesperados, en lugar de aparecer con un regalo obligatorio en un festejo específico. En lugar de esto, ¡disfruta ser el Santa Claus en alguna ocasión al azar!

54. Terminar

Algunos artistas dicen que la parte más difícil de pintar es saber cuándo está terminada la pintura, y he escuchado lo mismo de algunos escritores. Sin importar el medio, siempre podemos hacerle algo más a nuestras creaciones. Si estás decorando tu sala, siempre hay un cojín más que puedes agregar para darle un toque extra. Este paso es útil para empezar a practicar la "sintonización" para decidir si seguimos trabajando porque disfrutamos el acto de crear, si no podemos continuar, o si realmente terminamos.

Sabemos cuándo una obra ya tiene demasiado porque pierde su vida, su magia. Y una vez que sucede, no siempre es posible retroceder. Yo les pido a mis alumnos que den un paso atrás y revisen sus pinturas de vez en cuando, para evitar trabajar de más en ellas. Con el arte visual tenemos la oportunidad de revisar rápidamente dónde estamos mientras avanzamos. Con otros medios puede tardar más tiempo, no hay atajos cuando se trata de escuchar un arreglo musical completo o tomarse el tiempo para volver a leer lo que escribimos. Tener un buen sentido de lo que queremos transmitir puede ayudar, a menos que lo que estemos haciendo requiera trabajar de forma más abstracta o espontánea, podemos asegurarnos de que las cosas sigan siendo frescas.

Yo observo a mis alumnos querer terminar con una obra cuando hay detalles que completar, como una cara en una figura, porque tienen miedo de ser capaces de pintarla bien. Por otro lado, veo cuando trabajan mucho en una obra porque no se están alejando constantemente para ver desde la distancia o porque están simplemente disfrutando demasiado el proceso y no quieren parar.

Cuando un proyecto está verdaderamente terminado, experimento una sensación de paz dentro de mí. Si hay más que hacer, me quedo ansiosa, no completamente satisfecha. Si trabajé de más en una pintura me siento inquieta. Para mí es de verdad una intuición a la que llamo para decidir si terminé. Si trato de taparme los ojos y decir que está terminado, no me emociona por completo, nunca estaré tranquila cuando la vea.

Practica escuchar con los oídos y los ojos internos para entender cuando tu creación está tan completa como puede estarlo en ese momento, sabrás cuándo es hora de acabar si estás sintonizado sin obsesionarte por resultados específicos. Este paso nos recuerda ser sensibles.

55. Colaborar

La creatividad puede mejorar mucho al unir nuestras habilidades y capacidades con otra persona. Yo fui una pintora ermitaña por muchos años, así que no me daba cuenta cuánto se expande mi proceso creativo cuando hago una lluvia de ideas con alguien más. Por eso es tan cierto el dicho "dos cabezas piensan mejor que una". Desde que me di cuenta de esto mis experiencias al unir fuerzas con escritores, bailarines y músicos me han dado mucha alegría y satisfacción.

¿De qué formas puedes agregar a otros en lo que estás creando? ¿Puedes aceptar la crítica y las sugerencias sin problema? Incluso si estás trabajando en el mismo medio, puede ser muy útil crear un grupo para "discutir" ideas, sonidos u otras cosas. Los grupos de escritores son muy populares y los artistas visuales se reúnen para hacer críticas también. Sin embargo, los grupos son todos diferentes, así que puedes necesitar intentar varias veces antes de encontrar el correcto para ti. Los grupos con la mezcla correcta de personalidades tienen cierta química que les permite trabajar juntos naturalmente mejor que con otros. La colaboración requiere paciencia y confianza. ¿Te conoces lo suficientemente bien como para saber cómo responderías en un ambiente de colaboración?

Aquí la intuición es muy útil para ayudarnos a saber con quién nos sentimos cómodos siendo vulnerables. Un amigo que tiende a juzgar mucho, por ejemplo, tal vez no sea la mejor persona para trabajar juntos. También es útil si todos los involucrados están de acuerdo en compartir el trabajo. Una plática al principio de la aventura para establecer las fechas y horas ayudará a evitar frustraciones.

También es divertido intuir qué otros medios podrían ser buenos para un proyecto en conjunto. Imagina cómo un *collage* que has creado se podría traducir en un artículo o una canción. O nota cómo la historia que escribió un amigo podría hacer surgir imágenes o tonos en tu cabeza y juega con esas ideas. Al principio tal vez no puedas imaginarlo (yo no podía), pero es sorprendente cómo combinar los talentos puede abrir nuevas puertas y *realmente* permitir que la creatividad fluya.

Encuentra tu tribu y observa cómo aumenta tu creatividad. Me encanta la creatividad expandida que ofrece la colaboración. Experimenta con estas ideas para encontrar nuevas formas de trabajar con amigos.

56. Conocimiento interno

Autovigilarte es un arte. Está bien pedirles ayuda a los demás. La retroalimentación es útil en nuestro trabajo creativo, pero necesitamos depender de nuestras capacidades para saber qué es lo correcto para nosotros.

¿Tiendes a sentirte seguro de tus decisiones? Algo de cómo nos comportamos con respecto a este paso viene de nuestro condicionamiento. Yo crecí con padres que tendían a ver lo que hacían sus amigos en muchas actividades diferentes, como la forma en que decoraban su casa, cómo se vestían, a qué escuela llevaban a sus hijos. Obviamente, yo seguí el mismo patrón al tomar mis decisiones. Al hacer el trabajo necesario para ganar confianza en la vida, me volví más segura de mis decisiones.

Ahora puedo o no pedir opiniones, pero tengo una idea definitiva de lo que es correcto para mí casi todo el tiempo.

Tomé terapia, vivía en una comunidad espiritual e hice muchas lecturas para conocerme muy bien. Seguí diferentes caminos espirituales y tomé lo que necesitaba de cada uno. Mientras mejor me conocía, más fácil era sentirme sólida para escucharme y saber qué era lo correcto para mí.

Parte de mi proceso para obtener confianza fue arriesgarme a exponer mis ideas incluso si había la posibilidad de que no fueran bien recibidas. Sabía que quería ser artista pero algunos me desalentaban, diciéndome que no podría vivir de eso o que mis ilustraciones eran muy desordenadas.

Me pusieron a prueba en el Queens College porque estaba experimentando demasiado con los poderes. Pero a pesar de esto, supe que quería ser artista, incluso cuando recibí rechazo tras rechazo, insistí. Me han rechazado muchas más veces de las que me han aceptado.

Seguí porque sabía que tenía que hacerlo, y tal vez tú sepas lo mismo. Cuando voy contra de lo que sé que es bueno para mí en un nivel intuitivo, no me siento bien conmigo misma. Este paso te invita a trabajar en conocerte para sentirte seguro de tus decisiones.

57. Situaciones difíciles

No siempre es fácil responder amablemente cuando alguien nos hace enojar o nos daña. Nuestras facultades intuitivas pueden encontrar respuestas creativas a situaciones difíciles para lograr lo que deseamos sin lastimar a otros. Si no estás seguro cómo responder a una situación difícil, invoca a la creatividad imaginando e incluso escribiendo los posibles escenarios.

Yo uso la escritura con frecuencia como herramienta cuando trato de resolver problemas, pruebo diferentes escenarios, los escribo a mano o en computadora para probar cómo sueno. Tal vez pensemos que somos claros y razonables en nuestra comunicación, sin darnos cuenta que estamos transmitiendo más emoción de lo que queremos. Si no eres del tipo que le gusta escribir, intenta expresar verbalmente tus sentimientos con un amigo en una sesión de práctica. Tal vez puedas usar un juego de roles como método para ser creativo al encontrar formas diferentes de expresar lo que quieres decir.

Es mejor no dejarte llevar por las emociones de cierto tema cuando compartes tu visión del problema. Date tiempo para que algo de tu enojo o frustración desaparezca antes de tener tu plática. ¿Cómo puedes relacionarte mejor con lo que quieres compartir? ¿Estás *realmente* abierto para escuchar el punto de vista de la otra persona con respecto a lo que sucede? ¿Puedes intuir si aceptarán lo que vas a compartir?

Entrar en una discusión con mente y actitud abiertas puede establecer el tono para un intercambio que promete un mejor resultado que solo abalanzarte y exigir que la otra persona acepte tu versión de las cosas. Podemos llamar a la intuición para determinar si la otra parte nos entiende o cuándo es el momento oportuno para hablarlo.

Puedes practicar ser un mejor comunicador, incluso en situaciones difíciles, usando las herramientas en este paso. Tu intuición es un gran activo, asegúrate de sacar el mayor provecho de ella, especialmente cuando necesites comunicar tu versión de los hechos.

58. Herramientas mágicas

Usar herramientas como cristales o péndulos ejercita nuestra intuición. Yo recomiendo practicar hasta que puedas confiar en la información y entender qué es lo correcto para ti. Se han escrito libros enteros sobre cada una de las siguientes herramientas, pero aquí te presento algunos puntos de partida básicos.

Gemas (Cristales)

Según he observado, los "cristales" son altamente populares recientemente. Lo que la mayoría conoce como "cristales" son los tipos de rocas o gemas. Como sabemos que los cristales amplifican la energía, podemos usarlos cuando creamos nuestras intenciones o decimos oraciones esperando que nuestros deseos tomen una presencia más grande.

Se dice que diferentes piedras funcionan para diferentes propósitos. Como hay mucho material escrito sobre las piedras, tienes muchos recursos para aumentar tu estudio de ellas. Las piedras son excelentes herramientas para trabajar con la intuición para tomar buenas decisiones. Puedes aprender trabajando con las tuyas si sientes algún beneficio después de pasar un tiempo con ellas. No tienes que hacer nada especial, simplemente usa una en tus accesorios o trae una en la bolsa. Tengo una amiga cercana que tiene una tienda de piedras y he pasado mucho tiempo con ella cuando da seminarios sobre piedras y sus viajes para comprarlas. Al final, yo confío en mi intuición para elegir las que quiero tener y te invito a también elegir las tuyas según te sientas atraído por ellas.

Debido a que soy una persona visual, tiendo a elegir mis cristales principalmente por su apariencia. Otros los elijen según su vibración, por cómo se sienten al sostenerlos. Recientemente he mejorado al sentir qué piedras son buena opción para mí al sentirlas, pero es sutil. No hay decisión correcta o incorrecta, aquí aprendemos a depender de nuestra intuición para elegir mejor.

Péndulos

Usar péndulos requiere que identifiquemos cuál es nuestro *sí* y nuestro *no* para seguir adecuadamente la guía en nuestras decisiones. Esto requiere práctica; sostén el péndulo y hazle una pregunta sobre la que conozcas su respuesta, como "¿me llamo María?". Si el péndulo hace círculos en sentido de las manecillas del reloj, sabrás que tu *sí* es un movimiento en esa dirección.

CARTAS

Puedes usar cartas como herramienta de adivinación haciendo una pregunta y seleccionando una, o usando una de las cartas más conocidas, como la Cruz Celta. De nuevo, no hay reglas, aprende a sentirte cómodo con ellas eligiendo un mazo que te atraiga por su tema o arte y familiarízate con su uso.

Las herramientas mágicas son medios excelentes por los que podemos depender más de nuestra intuición para obtener una guía. Busca algunas formas, experimenta con ellas hasta que las conozcas bien, y ¡disfruta las recompensas!

59. Psicometría

La psicometría es la capacidad de recibir información de un objeto. En este paso probamos nuestra capacidad de tomar la información de varios objetos. Tal vez descubras que es fácil para ti recibir información de esta forma y puedas usar esta herramienta regularmente como una fuente más para ejercitar tus habilidades intuitivas.

Un ejercicio divertido o incluso una idea para una fiesta es pedir a tus amigos que lleven un objeto cuyas raíces no sean fáciles de rastrear, coloca los artículos en una canasta y pide a todos que elijan uno con los ojos cerrados. Cuando todos hayan decidido, pide a todos que guarden silencio y se preparen para recibir información. Los participantes se sintonizarán entonces y tratarán de averiguar qué artículo le pertenece a cada quién. Algunos jugadores intuirán al ver, otros llegarán a sus conclusiones sintiendo el objeto. Seguramente el juego iniciará conversaciones muy divertidas e interesantes.

Muchas personas prefieren las tiendas de antigüeda - des y de segunda mano para comprar en vez de adquirir cosas nuevas. A mí me gusta tener algo que sé que tiene una historia, normalmente soy neutral respecto al objeto, pero ha habido ocasiones en que de manera natural me sentí bien al usar una joya vieja. Puede ser que simplemente me siento bien sabiendo que alguien más la disfrutó, pero ha sucedido que he tenido destellos de personas o situaciones cuando tomo un accesorio o joya vieja.

Se sabe que los departamentos de policía llaman a psíquicos para que les ayuden a resolver casos. Así como los sabuesos captan aromas, los psíquicos captan un "aroma" al sostener un artículo que pertenece al sujeto del misterio. El psíquico espera a recibir información sobre el crimen.

Ser tu propio detective psíquico en ciertas situaciones puede mejorar tu perspicacia. Esta actividad llama a tu creatividad mientras se interpretan las impresiones que recibes al sostener un artículo que pertenece a alguien más.

60. Cambiar el enfoque

Cuando estamos atrapados en emociones fuertes, puede ser tan abrumador que nos distraemos de lo que se tiene que hacer. Puedes aprender cómo soltar a la persona o tema al cambiar el enfoque a un lugar que te llevará a una zona más neutral. Tengo algunas sugerencias sobre cómo tus facultades intuitivas te pueden ayudar en el proceso. Cuando logramos alejarnos del pensamiento obsesivo, nuestra energía se libera para poder crear.

En cierto punto, estaba pasando por un periodo de duelo por una pérdida y estaba tan hundida en la tristeza que me quedaba sin energía para funcionar en otras áreas de mi vida. En mi desesperación creé un ritual que funcionaba un poco como la teoría detrás de los experimentos con perros de Pavlov en que reorganicé los patrones de mi cerebro.

Seleccioné una imagen que había creado para mi mazo de cartas de activación *Todo es posible (Anything is possible)*, una que representaba avanzar sin ver hacia atrás. Llevaba el mazo conmigo a todos lados para que cada vez que empezara a pensar en mi pérdida, pudiera sacar inmediatamente una carta de mi bolsa. Incluso coloqué una imagen grande en la pared viendo hacia mi cama para que fuera lo primero y lo último que viera todos los días. Cada vez que me obsesionaba con mi pérdida, cambiaba inmediatamente mi atención a la imagen y pronto podía dejar de sufrir.

Otro método que ayuda a cambiar el enfoque es dar a los demás. ¿Hay personas en tu vida que necesiten tu tiempo o atención? Es fácil estar tan absortos en nuestro propio mundo que olvidamos estar ahí cuando nuestros seres queridos necesitan o quieren nuestra ayuda. Haz que sea un hábito darte tiempo todos los días para pensar si necesitas dedicarle tiempo a alguien más.

Para que tu energía esté disponible para tus creaciones, practica cambiar tu enfoque, especialmente cuando tengas distracciones. Extiende tu creatividad buscando formas de hacerlo y duplicarás los frutos de este paso.

61. Soltar

Soltar puede ser uno de los retos más difíciles, especialmente cuando tiene que ver con un ser querido, un momento alegre de nuestra vida o una mascota o persona que ha muerto. Podemos practicar usar nuestra intuición para saber qué objetos nos arrastran al pasado. Esta acción nos ayudará a soltar.

Hace unos años asistí a una ceremonia de búsqueda de visión con Mary Thunder, una anciana nativa americana. En esta reunión, Thunder habló de regalar las cosas que apreciamos más, nos enseñó que debemos aprender a regalar lo que más queremos como un ejercicio de generosidad y desapego. Hasta ahora, cuando practico dar lo que más quiero, recuerdo esta valiosa lección.

A veces es bueno para nosotros soltar las cosas que tienen energía vieja, los objetos que traen recuerdos. Si estamos demasiado enfocados en los viejos tiempos, tal vez nos estemos perdiendo los nuevos. Por ejemplo, si te estás divorciando, poner nuevas sábanas puede ayudarte a dormir mejor. Observa a tu alrededor y si es hora de dejar ir un objeto, respira profundo y dáselo a alguien que sepas que lo disfrutará.

Permite que estas ideas te sirvan como herramienta para avanzar en tu vida haciendo espacio para *nuevos* recuerdos. Estírate lo más que puedas en términos de dar lo que te cuesta más trabajo mientras practicas el desapego.

62. Vestirte deliberadamente

¿Has notado que cuando te vistes de negro tiendes a ser más "invisible" en comparación con cuando te vistes de rojo, que grita *hola*? En las ciudades grandes, las personas tienden a vestirse de negro, podría haber razones prácticas, como no dejar que el polvo del transporte público se vea en tu ropa, pero sospecho que tiene más que ver con la protección. Con tanta gente alrededor nuestro, hay una necesidad de escudarnos, y nada dice más "aléjate, soy invisible" que el negro. Si te sientes mal, trata de usar una prenda roja para ver si eso te mejora el ánimo. Los comentarios de quienes te rodean pueden ser suficientes para sentirte mejor, porque la gente tiende a responder positivamente al rojo.

Los diseñadores observan el ambiente para elegir colores para la ropa, y usan los cafés, cobrizos y grises para el otoño e invierno y colores más claros para la primavera y verano. Yo siempre he pensado que deberían reservarse ese patrón y ofrecer opciones de colores más brillantes para elevarnos el ánimo durante los momentos malos.

He notado que me siento relajada y confiada cuando encuentro a alguien vestido de blanco. En climas más cálidos esto no sería una opción común, pero a mitad del invierno en el frío noroeste, me puede hacer sentir mejor vestirme de blanco por completo. Se dice que el naranja es un color de poder, trata de elegirlo cuando estés en situaciones donde te sientas intimidado. Mi opción favorita para presentaciones públicas son los tonos de morado, porque siempre me siento bien cuando los uso. Otros eligen el azul para su conexión con la comunicación. Hay colores con los que no me veo bien debido a mi color de piel, pero si me siento atraída hacia una prenda de ese color, confío en mi conciencia y la compro. Después me pongo creativa sobre cómo usar una mascada o accesorio en un color que me vaya mejor para satisfacer mi atracción hacia ese color. Esto es una práctica común para quienes trabajan con los chakras y los colores.

Observa tu guardarropa con ojos frescos cuando te sientas creativo y trata de combinar diferentes selecciones que no habías considerado antes. Diviértete viendo cómo responden otros a tus elecciones.

63. Comunicación con las mascotas

Para la mayoría de las personas las mascotas son su familia. Las mascotas se comunican de formas que tal vez no entendamos por completo, pero *sí* sabemos que tratan de comunicarse. Podemos llegar a saber por medio de interacciones repetidas qué tratan de decirnos nuestras mascotas. En situaciones en las que no era la única bípeda en la casa, descubrí que mis compañeros humanos y yo, normalmente estábamos de acuerdo en lo que nos decía nuestra mascota. Como siempre he tenido una fuerte conciencia intuitiva, la mayoría de las veces me es fácil entender a mis mascotas.

Existen ciertos rasgos particulares de cada especie que hemos logrado reconocer, yo estoy más familiarizada con los gatos y perros, pero especialmente con los gatos, y casi todos ellos hacen un círculo a mis pies cuando quieren comer o cuando quieren hacer sus necesidades fuera de la caja de arena si esta no está limpia según sus estándares o si no se sienten bien. Sé que si uno de mis gatos se niega a entrar, seguramente está protegiendo mi casa de "amenazas" como otros felinos del barrio. Estas actividades son, en su mayoría, universales en los gatos. Sin embargo, así como nosotros somos individuos únicos, nuestros compañeros animales lo son también y si pones atención y te sintonizas, podrás reconocer los mensajes especiales de tus amigos animales. Uno de mis gatos es especialmente posesivo conmigo, y yo me río porque sé que sus orejas se echan hacia atrás inmediatamente cuando otro gato entra a la habitación.

¿Estás familiarizado con las señales de tus mascotas? Para entenderlas mejor deberás poner mucha atención a los sutiles movimientos y sonidos. La próxima vez que tu mascota haga algo fuera de lo normal, nota sus orejas y cola, su respiración, cómo se mueve (ya sea agresivamente, casi en el piso, etc.). ¿Hacen ruidos que no son normales en ellos? ¿Se metieron a algún lugar de la casa que tienen prohibido? Esto es normalmente un mensaje a su amo de que algo anda mal.

Encuentra formas de ser creativo para intuir la comunicación de tus mascotas. Por ejemplo, elije el mismo momento del día todos los días para averiguar en qué anda tu amigo, mejor aún, elije un momento en que no estés con tu mascota y alguien más esté con ella, para averiguar si puedes sentir qué se trae tu mascota.

Usa este paso para profundizar tu conexión con tu mascota y practicar afinar tu intuición.

64. Sobre la marcha

A medida que haces tu rutina diaria, haz una pausa para "sintonizarte" sin agenda. Cuando detienes tus actividades y te quedas quieto, te familiarizas más con la capacidad de cambiar de ritmo rápidamente.

Cuando estamos completamente presentes con ojos y oídos abiertos, podemos recibir inspiración. En ocasiones estos momentos aparentemente aleatorios y fugaces pueden llevarnos en direcciones importantes. Tal vez hayas experimentado tener una conversación con alguien que te llevó a una dirección interesante o fructífera. Si no hubieras escuchado tu necesidad interna de iniciar esa plática en particular, no habrías tenido esa experiencia. Tu *instinto* fugaz de empezar la conexión con esa persona fue en realidad un importante conocimiento interno. Un día iba hacia el pueblo para hacer algunas cosas. Una mañana una amiga y yo acordamos ver una película esa misma tarde. En la tarde cuando salí a hacer mis cosas, recordé que debía llamarla para ver qué veríamos. Resultó que ella estaba muy cerca parada en un quiosco de renta de películas tratando de tomar la decisión de qué película rentar y me había llamado para que le ayudara. Le dije "Espérame, ahora voy". Esto es el tipo de intuición de la que hablo, cuando estamos abiertos y disponibles para recibir, la información llega. Fue perfecto que pudiéramos decidir juntas, el momento no pudo haber sido mejor. Esta amiga y yo tenemos una gran conexión psíquica, hasta el punto que bromeamos sobre no necesitar un teléfono porque siempre estamos sintonizadas.

Cuando estamos "disponibles" estamos listos para recibir inspiración. Este paso es un recordatorio de estar presentes y disponibles para actuar de acuerdo con nuestro conocimiento interno.

65. Retribuir

Retribuir los actos de bondad de alguien nos da una mayor sensación de satisfacción y alinea nuestra energía con generosidad. Practica esto usando tu intuición para decidir a quién y qué regalar. ¿Podría servirle una gran propina a la mesera? ¿Deberías regalar una de tus creaciones artísticas a alguien que necesita que le levanten el ánimo? ¿Deberías regalarle a alguien una copia de tu libro? Como diseñador de interiores, ¿podrías donar tus talentos para redecorar la habitación de un niño con cáncer para levantarle el ánimo? ¿Puedes donar tu tiempo para enseñarle algo a alguien? ¿Puedes diseñar el sitio web de una organización como un diezmo? Descubre los regalos que puede traer la generosidad.

Dedicar una parte de tu ingreso a una causa de tu elección es una excelente forma de hacer la diferencia en el mundo. La creatividad entra en la forma en que decides donar, existen muchos que necesitan recursos que tú podrías ofrecer. Si no tienes un presupuesto que te permita regalar frecuentemente, existen otras formas de ayudar. Como artista, a mí me piden constantemente contribuir con un porcentaje de mi venta de pinturas para recolectar fondos para diferentes organizaciones. Puedes elegir servir en una cocina comunitaria una vez a la semana o cuando tu horario te lo permita.

Deja que tu intuición te guíe hacia donde puedas retribuir mejor. Aquí se nos recuerda lo importante que es compartir lo que tenemos para dar, nuestro amor, dinero, servicio y creatividad.

66. En el arte, como en la vida

La pérdida es una parte de la experiencia humana. Un dicho que me encanta, honrando el axioma mágico y oculto familiar, "arriba, como abajo", es "en el arte, como en la vida". Al pintar a veces tengo que perder algo que amo por el bien del todo. Tal vez haya pintado una cara perfecta, pero si está muy pequeña para el cuerpo, tendré que volver a pintarla para que esté más proporcionada. La práctica de soltar en nuestro arte nos ayuda a prepararnos para lo que tenemos que dejar ir en nuestras vidas y viceversa.

Yo veo muchas veces a mis alumnos de pintura resistirse a soltar una sección de su trabajo para que sea mejor. Yo entiendo muy bien lo que se siente haber logrado exactamente lo que quería en una parte del lienzo, para tener que borrarlo después porque está en la posición incorrecta. Si tomamos un trabajo haciendo lo que amamos hacer, pero el ambiente laboral es tóxico, estamos en una posición similar. Algo se tiene que ir. ¿Estás dispuesto a tomar el riesgo de soltar para crear algo mejor?

El acto de retroceder de tu obra de arte para ver el todo nos recuerda que también debemos desapegarnos de lo que estamos haciendo para tener más objetividad. Cuando estamos muy cerca de una pintura, solo podemos ver una parte a la vez y no podemos ver cómo se ve todo junto. Al desapegarnos emocionalmente de una situación, podemos tomar decisiones más inteligentes porque no estamos atrapados en las emociones. Con frecuencia me obligo a alejarme de un trabajo en proceso para tener una mejor perspectiva al regresar. Lo mismo aplica a situaciones de la vida, a veces necesitamos un descanso para ver las cosas bajo una luz diferente.

Como en la vida, el arte nos enseña el valor de aprender del proceso creativo. Lo que encontramos mientras avanzamos en nuestros proyectos puede servirnos como espejo de lo que la vida nos tiene preparado.

PASOS ESPIRITUALES O BASADOS EN EL ALMA:

Establecer o fortalecer tu conexión

con lo divino

Cuando estaba a punto de cumplir treinta años experimenté un profundo despertar espiritual, mi vida nunca sería la misma. Los eventos alrededor de este despertar me llevaron a entender que hay más en la vida de lo que podemos ver y logré ver la experiencia humana de forma diferente. Siempre he sido buscadora y he estado interesada en la metafísica, incluso entonces. Leí todo lo que caía en mis manos, pero no había mucho. No había librerías *New Age* entonces, con excepción de un par de tiendas ocultas donde vivía en Manhattan. Mi primera mentora fue una compañera mesera en el restaurante donde trabajaba. Le pagaba $15 por sesión y ella me enseñaba cómo meditar y también un poco de astrología.

Durante ese mismo periodo descubrí que soy clarividente debido a un aterrador incidente que vi antes de que sucediera. Me caía mal mi jefe y soñé que le había dado un infarto y había muerto. Al día siguiente, cuando llegué al trabajo supe que mi jefe había tenido tres infartos seguidos y estaba en el hospital muy grave. Me dio miedo haberlo provocado yo. Cuando le compartí esto a una amiga, ella me llevó con un psíquico que me ayudó a entender cómo usar mis capacidades.

En ese punto, además de mantener mi práctica diaria de meditación, agregué la solicitud de conectarme con mis guías espirituales. Durante un mensaje sentí mi primera conexión *consciente* con el Espíritu. Mi experiencia de esto fue un sentimiento de amor puro alrededor de mi garganta. Fue tan fuerte y poderoso que la masajista lo sintió también, pero en mi área del tercer ojo y experimentó una sensación de dulzura.

Practiqué conectarme con esta hermosa energía amorosa y trabajé con varias formas, tantas que no cabrían en este libro, pero me gusta contarle mi historia a la gente   porque estoy muy agradecida de haberme conectado con lo Divino. Establecí mi intención para hacer este vínculo, y seguí los pasos que me llevaron al evento antes mencionado y mantuvieron mi relación con el Espíritu hasta el día de hoy. Durante ese tiempo no solo me conecté con lo Divino, también con el centro de mi ser. Estas conexiones han servido para profundizar mi proceso creativo.

Pintar es un acto de espiritualidad para mí porque estoy en el lado derecho de mi cerebro más de lo normal, un estado en el que estoy más abierta para recibir del Espíritu. Para mí es como magia tener ideas que me llegan de no sé dónde. La magia sucede cuando puedo traducir las visiones de mi mente en el lienzo. Si no estuviera tan acostumbrada a estar en este modo receptivo por largos periodos debido a mi práctica de meditación, tal vez no recibiría tantas imágenes como recibo. Cómo he logrado entender que un área del lienzo debe ser morada en lugar de azul es un misterio, incluso para mí. Me quedo quieta y espero lo suficiente y la respuesta "aparece". Observo el mismo proceso con amigos que son músicos y escritores. Los actores saben cuándo han hecho una cierta "toma" en que entró la magia. Nos quedamos con nuestro arte de la forma en que fuimos entrenados para quedarnos con nuestra capacitación en meditación y recibimos las recompensas a nuestra paciencia con el proceso.

Yo solía pintar óleos muy grandes de cualquiera que estuviera interesado. Después de mi despertar espiritual me sentí llamada a comenzar estas sesiones con un ritual. Comienzo la sesión sentándome con mi modelo con una vela entre los dos, digo una oración, llamo a nuestros guías espirituales y medito. Esto me hace sentir más preparada para crear una pintura poderosa agregando esta ceremonia a la receta creativa.

Al meditar juntos, mi modelo y yo nos sentimos más conectados y se prepara el escenario para una sesión de pintura más íntima. Sigo el mismo ritual siempre que comienzo uno de mis Retratos de la Esencia Espiritual.

En mi experiencia, con base en conversaciones per-sonales y profesionales, he entendido que la mayoría de la gente busca significado en su vida, una razón por la que está aquí. En muchos casos la gente quiere saber cómo puede dejar su marca de forma positiva en este mundo. Queremos sentir que estamos contribuyendo con lo que podemos para de alguna forma hacer una diferencia. En esta sección de los pasos espirituales te doy sugerencias para encontrar o sintonizarte con la conexión directa al Espíritu. Cuando estamos más conectados al centro de nuestro ser y la energía de la fuente, funcionamos de forma saludable, y nuestra energía se libera para lograr una creatividad óptima. Te ofrezco emocionantes maneras de aplicar las prácticas espirituales o basadas en el alma a tu proceso creativo. Estos pasos también te dan ideas sobre cómo aplicar principios espirituales para mejorar tu conexión individual con el Espíritu.

La gente que busca conectarse con el Espíritu, Dios, lo Divino, encuentra que su creatividad fluye mejor, y es menos probable que se encuentren en periodos largos de angustia. Pueden manejar lo que la vida les dé con dignidad y gracia.

Esto no significa que una vez que alguien está en un camino espiritual no haya más obstáculos, significa que tenemos las herramientas que necesitamos para enfrentar y aceptar más fácilmente los retos de la vida. Podemos salir de estos retos menos heridos porque hemos aprendido a manejar mejor el sufrimiento. ¿Suena bien? ¡Intentemos!

Te sugiero que veas el primer paso, meditación, como la columna vertebral del resto de los pasos. La meditación fue lo que realmente aceleró mi capacidad de conectarme con mi ser interior y la energía de la fuente.

Si solo te quedas con una cosa de este libro, espero que sea practicar cualquier forma de meditación con la que te comprometas, y disfrutes de una mayor sensación de paz al ir a tu punto central en forma regular.

Con paciencia, tu camino único como creativo se definirá más claramente. Disfruta el proceso de sintonizar tu camino con lo Divino dentro de ti. Comienza cada día con una conexión con la fuente, tal vez con meditación o alguna música suave y hermosa, y un compromiso de conocer al Espíritu dentro de ti. Eres tu regalo más preciado. Ámate y trátate bien y observa cómo florece tu creatividad.

67. Meditar

Estoy convencida que el camino más directo para acelerar tu conexión contigo y con el Espíritu es la meditación. Con los retos de nuestra ocupada vida, la idea de la meditación entra en conflicto con nuestra programación cultural de "hacerlo *ahora*". Comprometernos a nutrir nuestras capacidades para sentarnos quietos, no pensar en nada y no "hacer" nada puede parecer extraño y poco realista. Pero cuando meditamos podemos llegar al centro de nuestro ser, donde las ideas creativas florecen, queriendo nacer. Con suficiente disciplina esto se puede lograr alejándonos de las distracciones. Incluso si ya tienes una práctica de meditación establecida, tómate un tiempo para revisar estos consejos para prepararte para tu acción creativa.

Tal vez te preguntes por qué la meditación es tan importante. La meditación nos enseña a calmar nuestra mente activa. Cuando podemos tranquilizar nuestra mente, podemos estar presentes en el momento, sin pensar en el futuro o lamentarnos por el pasado, simplemente estamos quietos y *neutrales*. En la verdadera meditación no nos quedamos atorados en las emociones, llegamos a un hermoso estado sereno. La meditación nos ofrece la oportunidad de estar en paz incluso si estamos en medio de una profunda depresión u otro torbellino emocional.

Existen muchos métodos para meditar, yo tiendo a ser purista. Aprendí la meditación Zen, donde uno se sienta con la espalda recta en un cojín, reconociendo los pensamientos y permitiendo que fluyan. El punto es *no* pensar, ser completamente neutral. Te sorprenderá lo difícil que es no tener ningún pensamiento incluso unos segundos. Conociendo los beneficios de la meditación Zen, me sorprendería si uno pudiera lograr los mismos resultados de una meditación que tenga que ver con escuchar música o moverse.

Cada forma de meditación puede ser útil, pero yo recomiendo un método más formal y disciplinado. La mayoría de los maestros sugieren hacer nuestra práctica de meditación a la misma hora todos los días, a mí me parece bueno sentarme cierto tiempo, por ejemplo, quince minutos para empezar, *y* poner una alarma. Puedes aumentar el tiempo gradualmente.

Los días en que medito me siento más en paz y centrada, puedo empezar a pintar sin problema porque estoy presente. Mi enfoque no divaga cuando entro al estudio, no trato de concentrarme perdiendo el tiempo en tensión emocional.

Explora algunos tipos de meditación, después elige uno y quédate con él un par de meses. Nota cualquier cambio sutil que ocurra en tu vida con el tiempo. Los regalos de practicar este paso, principalmente la paz, creatividad y claridad, valen tus esfuerzos. La meditación puede darte la capacidad de manejar los obstáculos con más gracia, confianza y claridad.

68. Oración creativa

Sin importar nuestras creencias religiosas, la mayoría hemos pedido ayuda a lo que llamamos Dios/Espíritu/Fuente en algún momento. En la oración usamos nuestras facultades creativas, nos demos cuenta o no, para diseñar nuestras peticiones. La creatividad en la oración ayuda a ver claramente y solicitar un resultado positivo.

¿Cómo rezas? Tal vez recitas cierta oración que has memorizado. Si es así, posiblemente has recitado las palabras tanto tiempo que ya no te conectes con lo que estás recitando. Mis oraciones contienen cierta base, pero cambian continuamente. En mis estudios de los nativos americanos me enseñaron a centrarme primero en un problema universal, por ejemplo, el bienestar del planeta, seguido por una oración por una cultura o área en problemas en particular, después oraciones por amigos y familia, y finalmente por mí.

Sí, está bien rezar por uno mismo. Y, yo recomiendo que practiques que las oraciones por ti sean tan grandes como puedas imaginar.

No hay una forma correcta o incorrecta de rezar, pero es útil revisar cómo tiendes a hacerlo y considerar cómo puedes meter algo de creatividad para cambiar las cosas. Tal vez descubras que al hacerlo puedes estar más presente durante tus oraciones. Intenta esto:

- Rezar no tiene que limitarse a cuando estás a punto de dormir. Puedes decir tus oraciones al despertar o cuando sientas deseos de orar.
- Cuando reces llama a tus guías espirituales y ángeles o a otros amigos en espíritu para que te ayuden.
- Reza en movimiento. En el kundalini yoga, las oraciones se integran a las posiciones de yoga y a visualizaciones. Tal vez disfrutes rezar mientras caminas en la naturaleza.

Usa tu creatividad para fortalecer tu conexión con el Espíritu al hacer que tus oraciones sean importantes y en el momento. Si actualmente no sueles rezar, intenta hacerlo para ver qué se siente.

69. Abrirte al espíritu

Fue solo hasta que hice un llamado deliberado para conectarme con mis guías espirituales, que creé una sólida conexión continua con ellos. Una vez que establecemos la intención podemos crear líneas abiertas de comunicación entre nosotros y nuestros auxiliares en forma de espíritu (ángeles, guías, tótems, o Dios/Espíritu/Fuente). Yo "hablo" con ellos todos los días, especialmente cuando los velos entre nosotros son más delgados, al despertar o antes de dormir. Esta comunicación enriquece mi vida.

¿Actualmente tienes la práctica de conectarte con el Espíritu, Dios, o quien o lo que sea que consideres una fuente divina de energía? Yo me siento afortunada de haber tenido profundas experiencias con el Espíritu cuando era joven, porque dichas experiencias cambiaron mi perspectiva de la vida y me dieron una sensación de conexión con la energía de la fuente. No puedo imaginar ir por la vida sin mi relación directa con el Espíritu.

Esta conexión me sirve de muchas formas:

- Me ayuda a tener fe.
- Me ayuda a saber que no estoy sola.
- Me ayuda a entender que nunca soy una víctima, a saber que lo que pasa tiene sentido de alguna forma que tal vez entienda o tal vez no.
- Me da fuerza y confianza.

Para empezar

Si no sientes que tienes una conexión con el Espíritu, o guías, ángeles, etc., y quisieras tenerla, te sugiero que intentes conectarte dejándoles saber que quisieras establecer comunicación. Puedes hablar en voz alta, pero no es necesario, simplemente envíales pensamientos.

Ahora, tal vez te preguntes cómo sabrás si te escucharon —esto requerirá un poco de confianza—. A mí me gusta pedir señales, con frecuencia me las dan de inmediato, en forma de una criatura especial que pasa o cuando cambio la radio y encuentro una canción que se relaciona con mi petición o incluso un mensaje que pasa por mi mente y que viene de forma en que yo no hablo normalmente. Sin importar la forma de la respuesta, creo que uno *lo sabe*. Yo siento algo dulce cuando tengo este conocimiento.

Crea una línea de comunicación y pídele al espíritu ideas, dirección y consejo. Llama a tu creatividad para encontrar tus métodos de comunicación con la energía de la Fuente y prepárate para ver los poderosos resultados.

70. Gratitud

Comenzar y terminar cada día con gratitud es una forma de limpiar nuestras almas y abrir los corazones. Cuando nuestras "emociones negativas" nos abruman, es más difícil ser agradecido. La gratitud nos da la libertad para crear.

Yo tengo la costumbre de expresar mi gratitud varias veces al día, comenzando cuando me despierto. Hablo (con frecuencia en voz alta) con el Espíritu y le agradezco antes de comenzar mi día. Si oro y/o medito, también aprovecho la oportunidad para expresar mi gratitud. Me gusta decir en voz alta cada cosa por la que estoy agradecida como forma de permitirme *sentir* completamente la gratitud saliendo de mi corazón. Cuando me siento agradecida, mi corazón está abierto y tengo una sensación general de bienestar. Cuando me siento bien es más probable que quiera ser creativa que cuando estoy triste. También estoy más disponible para los demás.

¿Qué papel juega la gratitud en *tu* vida? ¿Tiendes a dar las cosas por hecho o estás consciente de tus bendiciones? Es mucho más fácil sentirse agradecido cuando las cosas van como queremos, pero sentir nuestra gratitud puede ser el vehículo adecuado para sacarnos de la miseria también. Si me descubro lista para una fiesta de sentir lástima por mí, inmediatamente me sacudo y enlisto mentalmente las cosas por las que estoy agradecida, ¡y ayuda! Tal vez tenga que repetir el ejercicio algunas veces, pero me parece la mejor herramienta para regresarme el equilibrio. He visto personas que tienden a caer en dos categorías en cuanto a la gratitud, quienes se quejan y quienes se dan cuenta que cada respiro es un regalo, ¿en qué categoría estás tú?

Llamar a tu gratitud es una práctica, cuando se vuelve un hábito, el resultado está más lleno de gracia. Usa este paso para practicar hacer un esfuerzo consciente por listar las cosas que agradeces.

71. Gracia

Con frecuencia he tenido que aceptar las decisiones que toman los dueños o curadores cuando buscan arte (cuando no me incluyeron). Celebrar los éxitos de otros artistas cuando me rechazaron, ha requerido llamar a una parte de mí que era más grande que la sensación de rechazo: la gracia. Con gracia, el Espíritu se mueve a través de nosotros, y nos lleva al siguiente nivel del destino de nuestra alma.

Una vez escuché que estamos a solo una persona de distancia de cambiar nuestro destino. Me gusta esa frase, si no me hubieran rechazado cada una de las personas que lo hicieron, no me habría beneficiado de los resultados de avanzar en otras direcciones importantes. En mi avance, encontré otras oportunidades y conocí personas que me ayudaron de otras formas. Dejé que la gracia me ayudara al alejarme y aceptar mis fallas en estas instancias. Al dejar que mis alumnos y colegas entiendan que acepto mis rechazos como parte de mi proceso, tal vez los ayude a sentirse mejor por sus propias desilusiones.

La gracia es una cualidad compleja, pero muy difícil de medir. La gracia nos ayuda a honrar quienes somos ahora y en quienes nos convertiremos al enseñarnos cómo hacernos a un lado y dejar que el Espíritu nos mueva en direcciones maravillosas. La gracia es la capacidad de aceptar el fracaso o los retos con dignidad y orgullo en nuestros esfuerzos, y con compasión. Es la capacidad y carácter que tienen quienes ganan para ser justos con otros en la victoria y están agradecidos por todo lo que se reunió para hacer que el éxito fuera posible.

En nuestra vida creativa la gracia nos guía a reconocer y usar nuestros dones de forma que ayude e inspire a otros. La gracia se relaciona en ocasiones con elementos de energías femeninas como la elegancia, belleza, dignidad, amabilidad o perdón.

La calidad de la gracia es divina, como la oración. Tiene sentido que también llamemos a una oración que hacemos antes de las comidas, "dar las gracias". Reflexiona cómo te sientes cuando das gracias o haces cualquier oración. Cuando nos dirigimos a lo Divino, nos tranquilizamos y nos volvemos humildes. Tómate un momento para considerar un lugar o lugares en tu vida que podrían beneficiarse de este atributo, incluyendo tus relaciones. Si llamamos conscientemente a esta característica cuando estamos en conflicto con los demás, automáticamente podremos dialogar de forma más constructiva que nunca antes.

Este paso puede ayudarnos a conectarnos con el poder de lo Divino cuando podemos hacernos a un lado y dejar que el Espíritu nos mueva. El Espíritu siempre está esperando para ayudarnos cuando nosotros estamos dispuestos a ofrecernos con brazos abiertos.

72. El poder de la humildad

La humildad es una cualidad tranquila, pero poderosa. Cuando apreciamos nuestra creación por lo que es y no tenemos expectativas sobre ella, con excepción del hecho de que el proceso de crear nos da alegría, experimentamos humildad. Si dejamos que nuestra creación cobre vida propia, honramos la vida de dicha invención.

En el pasado hice muchas pinturas porque tenía que hacerlo, eran estrictamente para mi propio bienestar emocional, les permitía pasar por mí porque lo necesitaba, y no estaba apegada a dejarlas ser más que solo procesos personales. No son bonitas, de hecho algunas son tristes o molestas, pero sirvieron para un propósito, la humildad les permite ser como son sin exigencias. Yo no tengo problema con que otros vean la mayor parte de mi trabajo, pero algunas existen estrictamente para mis propias necesidades, y no quiero o necesito mostrarlas para que otros las critiquen o alaben. Podemos permitir la opinión de otros para saber lo que han producido nuestros talentos en lugar de pensar que lo sabemos y asumir que hemos hecho un gran trabajo. La humildad da espacio para mejorar.

Si alguien es humilde con respecto a recibir nuestra opinión, es muy probable que seamos honestos. Con frecuencia cuando estoy en una exhibición, otros artistas me avientan en la cara ejemplos de su trabajo cuando estoy trabajando y atendiendo a los clientes. La humildad los haría pedirme permiso de mandarme muestras cuando yo esté más disponible para darles mi opinión constructiva.

Considera cómo expresas tu humildad para entender cómo puedes seguir promoviendo esta cualidad. Contempla la tranquila dignidad de la humildad. Tu humildad combinada con respeto por la privacidad de los demás será apreciada y mejorará tus trabajos creativos.

73. El alma y la personalidad

La forma en que celebramos nuestras creaciones desde una perspectiva del alma puede variar de cómo experimentamos la creatividad desde un punto de vista de la personalidad. Tu alma puede estar deseando tener la oportunidad de crear, pero tu personalidad puede tener algo muy específico que expresar. Para mí, es como un llamado profundo del alma cuando tengo la urgencia inicial de crear. Es tan poderoso que me enojo cuando no puedo ejercitar ese "músculo". Mi personalidad tiene diferentes temas que me gustaría expresar al mundo dependiendo de lo que esté pasando en mi vida, pero es mi *alma* la que desea el acto de crear.

Si mi alma está especialmente alegre, puedo llamar a mi personalidad para crear una serie de pinturas felices que muestren la razón de mi alegría. Si estoy en medio de una nueva relación, puedo pintar algunos lienzos de parejas felices. Si tengo una pérdida, puede funcionar hacer pinturas llenas de dolor. Cuando estoy más en mi cabeza, es mi personalidad la que quiere decir algo. Sin importar si me guían mi alma o mi cabeza, en esas expresiones artísticas, permito que mi alma y mi personalidad brillen al hacer caso a la necesidad de crear de mi alma con expresiones que satisfagan a mi personalidad. Es un excelente ejercicio de equilibrio.

Diviértete sintiendo si estás creando desde tu alma o tu personalidad, y hazle caso a las dos. Las dos formas están bien, siempre y cuando ejercites tu capacidad de expresarte.

74. Ser visto

Ser el centro de atención puede ser aterrador. Una primera exhibición de arte o una primera vez en el escenario puede ser una experiencia divertida y emocionante para algunos, pero para otros, en lugar de alegría, la tensión involucrada trae dolor y agonía. Al arriesgarse a exponerse y enfrentar los miedos, el alma puede encontrar sanación. Quienes están dispuestos a avanzar surgen para honrar su autenticidad creativa.

Yo entiendo de primera mano la sensación de seguridad de existir "tras bambalinas". Por eso me es más fácil ser pintora, es decir, hasta que llega la inauguración. Sin embargo, me he esforzado en tener más confianza y permitir que vean quién soy, tanto a través de mi persona, como de mi trabajo. Esto ha resultado en sensaciones de mayor confianza que han valido la pena. Permitirte ser "visto" es un proceso. Si puedes identificar y enfrentar cualquier miedo relacionado con estar en el candelero, esta comprensión te permitirá avanzar con más confianza.

Considera dónde podrías empezar a practicar mostrando más de lo que eres en los confines de tu mundo creativo. Cualquier esfuerzo pequeño te recompensará. Descubrirás que es como ejercitar un músculo, tanto en el concepto de "si no duele, no sirve", como en el hecho de que los beneficios se mostrarán a sí mismos poco a poco. Cuando estaba en la escuela de arte, la pintura "figurativa" (realista) no estaba de moda. El expresionismo abstracto era lo que más gustaba, pero a mí no me satisfacía. Me encantaba hacer retratos enormes que me sentía atraída a hacer. Sabía que mi dirección artística no estaba de moda como el trabajo de mis colegas, pero sabía que hacer otra cosa diferente a lo que tenía en el corazón era traicionarme, así que me quedé con lo mío. Se requiere valor para pintar lo que no está de moda, pero es lo que yo tuve que hacer.

Sé por experiencia que al mostrar quien soy, inspiro a otros a permitirse ser vistos también. Lo que más me ayudó al aprender a tomar riesgos fue estar en presencia de otros que no temían arriesgarse y mostrar sus creaciones. Yo soy alguien que quiere enfrentar sus miedos, ha sido gratificante salir del clóset para dejar crecer mi capacidad de exponer la profundidad de lo que soy. Fui parte de varios grupos de estudios espirituales que me enseñaron el valor de mostrar nuestro verdadero ser. Me inspiró tanto estar en presencia de otros que exponían sus sentimientos que decidí seguir a mis amigos espirituales.

Usa este paso para ayudarte a inspirarte a mostrar la belleza de tu ser creativo. Incluso si no ves que lo estás haciendo, estás ayudando a otros a sentirse cómodos con mostrar sus dones también.

75. Ser valiente

Compartir nuestra poesía, una pintura, lo que escribes, nuestros puntos de vista, con frecuencia requiere valor. La conciencia de nuestros miedos y su aceptación nos ayuda a entendernos mejor. Te invito a viajar a la raíz de tus miedos. Llama al león del valor y atrévete a abrazar un miedo a la vez, ya que esto te llevará a una vida más libre y feliz.

Mucha gente tiende a alejarse de las áreas de su vida a las que más temen. Después de todo, los individuos raros disfrutan el modo de pánico. Me parece que yo también hago lo necesario para enfrentar mis miedos, porque a menos que encuentre mi valor, seguirán teniendo poder sobre mí. Si me tomo el tiempo para entender mis miedos, puedo sanar los lugares internos que necesitan algo de apoyo. Cuando tenía veinte años un mentor espiritual me aconsejó que encendiera una linterna sobre mis más grandes miedos como forma de vencerlos. Al escucharlo entendí que no tenía otro camino. Obsesionarnos con el miedo nos roba energía, en ocasiones incluso nos paraliza temporalmente.

El miedo también ayuda a perdernos oportunidades. Si queremos un trabajo diferente, o queremos ser artistas, o una relación, pero tenemos miedo de no ser lo suficientemente buenos, tal vez ni siquiera lo intentemos. ¡Qué desperdicio! Todos merecemos vivir plenamente y enfrentar los miedos puede ayudarnos.

Si no estás completamente consciente de a qué le tienes más miedo, haz una lista. La siguiente vez que sientas aprehensión, nota dónde reside el miedo en tu cuerpo, respira profundo dirigiéndote hacia ese lugar, avanza, envía luz a ese punto. Es útil elegir una declaración de afirmación positiva, como: "Estoy seguro, todo está bien", o cualquier otro mensaje que crees específicamente para ti.

Confrontar nuestros miedos nos lleva al empoderamiento. Cuando nos sentimos bien, estamos libres de nuevo para disfrutar el proceso creativo. Enciende *tu* linterna sobre un miedo en particular, cuando ganes confianza, llama a tu creatividad para acercarte a otro, y a otro, y a otro...

76. Detonadores

Nuestros detonadores emocionales son los tipos de cosas que nos sacan de equilibrio. Ciertas acciones y comentarios pueden encendernos inmediatamente porque tocan lugares heridos en nuestro interior. Cómo *reaccionamos* a estos detonadores es clave para nuestro bienestar. Te invito a comenzar a entender tus detonadores y usar esta conciencia como un camino para el empoderamiento personal. Cuando estamos atrapados en estas reacciones emocionales, la creatividad se detiene, esperando a que volvamos a estar en equilibrio.

El primer paso es reconocer tus detonadores emocionales. Te sugiero que al final de cada día te tomes un tiempo para revisar si tuviste una reacción emocional a una conversación o evento, y cuál fue. Lleva un registro escrito de estas situaciones para encontrar tus respuestas ocultas, pero habituales. ¿Puedes identificar un tema común en alguno de los momentos en que te enojaste? Algunos ejemplos pueden ser sentirse rechazado, no respetado, sentir hostilidad, o no sentirse valorado.

Ahora nota cómo respondiste:

- ¿Te defendiste?
- ¿Te avergonzaste?
- ¿Te retiraste a un lugar seguro dentro de ti?
- ¿Permaneciste en equilibrio y no reaccionaste a algo que normalmente te haría reaccionar?

No te juzgues, simplemente observa. Después de llevar un registro por algunos días, notarás un tema o temas que te hacen reaccionar mal. También, al notar cómo respondes, ¿te puedes conectar con algún lugar de tu cuerpo que reaccione ante estas situaciones? ¿Sientes de pronto como si te golpearan en el estómago? ¿Te duele el corazón? ¿De pronto te dio dolor de cabeza? Ya que almacenamos nuestras emociones en el cuerpo, es útil poder reconocer cuando lo estamos haciendo para permitir que esos sentimientos se disuelvan en lugar de que se queden atorados. Si puedes conectarte con cuándo y dónde haces esto, respira profundamente hacia ese lugar e imagina enviar luz ahí.

Una vez que sepas cuáles son tus detonadores, trata de recordar momentos de tu niñez en que encuentres el mismo tema. Esto te ayudará a entender mejor por qué te molesta tanto. Si no te puedes conectar con un recuerdo importante, es suficiente por ahora identificar los temas.

Mientras revisas tus respuestas a los detonadores, llama a tu creatividad para considerar si hay formas más productivas de responder en estas situaciones. Cuando los detonadores se apoderan de nosotros, estamos tan atrapados en nuestras emociones que la creatividad se detiene. ¿Si alguien critica tu trabajo creativo, entras en pánico al instante y te lo tomas a pecho? La información de esta persona podría ayudar a florecer tu creatividad, pero si te quedas en los viejos patrones de respuestas, te perderás la oportunidad. Tal vez hemos desarrollado patrones que están con nosotros hace años, pero con la voluntad de cambiar podemos tomar acción para ser más la persona en la que queremos convertirnos.

Reconoce tus detonadores para hacer cambios impor-tantes que disminuirán la ansiedad y el estrés. Estar menos

atados por respuestas no productivas nos libera para
tener diversión creativa.

77. Aceptar la vulnerabilidad

Permitirnos ser vulnerables no es cómodo. Bajar la guar-
dia y abrirnos requiere valor. Las recompensas positivas
inesperadas son tuyas cuando eres lo suficientemente
fuerte para revelarte.

¿Puedes identificar alguna parte de tu vida en la que
eres vulnerable? Si no nos alentaron mucho en nuestros
primeros años, o si nos castigaron por expresarnos de
formas que no coincidían con las de nuestros padres
o figura de autoridad, tal vez se haya vuelto un hábito
sentirnos seguros al guardarnos nuestras opiniones, ideas
creativas y sueños para nosotros. Sin embargo, cuando
nos mostramos inspiramos a otros a hacer lo mismo.
Hace muchos años viví en una comunidad espiritual y
participaba en sesiones de grupo. Cuando los otros tenían
el valor de compartir abiertamente detalles privados de
sus vidas o sus pensamientos más íntimos, me sorprendía
y me sentía inspirada. El valor que tenían para revelar tanto
me alentó a esforzarme más por hacer lo mismo. No fue
fácil, sigue sin serlo, pero con el tiempo mi voluntad de
ser abierta, y en ocasiones vulnerable, ha valido la pena.

Por ejemplo, cuando muestro a mis alumnos pinturas
que hice cuando estaba deprimida o enojada, ellos se
inspiran para permitir que más de sus emociones brillen

en sus lienzos. Si estás involucrado en las artes o en una carrera que te pone en el candelero, tal vez te sientas más cómodo con el hecho de que te vean que las personas que están acostumbradas a estar tras bambalinas. Yo he tenido la tendencia a decidir esconderme, siempre me he sentido más cómoda sola en mi estudio expresándome en un lienzo.

A veces es intimidante revelarnos por medio de lo que hemos creado, especialmente si los temas son personales. Todo arte se deriva de alguna forma de nuestra experiencia de vida, así que abrirle eso al mundo requiere arriesgarte y volverte vulnerable. Mientras estaba trabajando y pasaba por la ruptura de una relación, pinté una serie de lienzos muy grandes mostrando parejas desnudas en diversas etapas de intimidad, no sexuales, sino sensuales. Como estas pinturas eran tan íntimas desencadenaron respuestas positivas y negativas en la gente. Me sentí empoderada al ser valiente para mostrar todas estas partes de mí.

Al ser vulnerable te abres a una mayor libertad de expresión en tus búsquedas creativas y personales. Existe un poder en ser auténtico; yo recomiendo tomar el riesgo cuando y donde sea posible.

78. Recibir

Es maravilloso poder aceptar el reflejo del bien que los demás encuentran en nosotros. El Espíritu quiere que todos seamos lo que podemos ser. Cuando nuestras creaciones son recibidas positivamente, nos invitan a dejar que sigan fluyendo.

¿Cómo respondes cuando alguien te alaba? ¿Tiendes a negar lo que te dijeron y a encontrar la forma de negarlo o lo aceptas con gracia? Muchos menospreciamos los halagos porque nos sentimos incómodos con ellos. Revisar tu historia personal con relación a recibir puede darte la información para identificar las razones de tu incomodidad. Tal vez te enseñaron de niño a ser humilde. Está bien aceptar tus dones y talentos ¡de verdad! No es egocéntrico, no estamos hechos para menospreciarnos.

Recibir amor o halagos solía serme muy difícil. He mejorado, pero sigue siendo difícil para mí simplemente decir "gracias". Sé que no estoy sola en este sentimiento que puede surgir cuando se nos halaga. Reflexiona sobre por qué te sientes incómodo ¿Es extraño para tu ser? O quizá sientas que si aceptas esos sentimientos tal vez le debas algo a quien te halaga. Puede haber muchas respuestas a esta pregunta, te sugiero que te tomes el tiempo para recordar o imaginar la última vez que una expresión positiva sobre ti te hizo sentir incómodo. Un ejercicio para aprender más sobre los retos al recibir es ir a un lugar tranquilo en tu interior, tal vez con los ojos cerrados, y dejar que surjan los sentimientos de incomodidad. Ve si puedes rastrear sus raíces. La respuesta puede no llegar inmediatamente, pero en algún momento llegará.

Al aceptar halagos sobre tu creatividad puedes ver tus talentos a través de los ojos de los demás, y esto te puede dar un incentivo para alimentar tu talento. Sobre todo *siéntete orgulloso de tus logros.*

79. Límites

¿Eres a quien la gente recurre cuando tiene problemas o se siente mal? Es genial estar ahí para apoyar a nuestro círculo de amigos y familia, pero no a costa de tus necesidades. Si descubres que te sientes drenado en alguna de tus relaciones, es hora de poner límites.

En pocas palabras, poner límites significa decir no. Me gusta el dicho "la palabra no es una frase completa". Decir que no, puede hacerte sentir culpa al principio, tal vez te enseñaron que está bien ayudar a los demás, y por supuesto, lo está, hasta cierto punto. Si llevas atrapado en este patrón mucho tiempo tal vez incluso creas que si no ayudas a tal o a tal nadie lo hará, y en ocasiones sucederá. No es fácil alejarte del papel de salvador, pero las recompensas pueden ser tener más tiempo y energía para ti y tus proyectos creativos. El truco es sentirte bien sabiendo que hay ciertas circunstancias en las que está bien decir que no, y otras en que es importante para ti, específicamente, ayudar.

Cuando no tenemos límites sanos, perdemos mucha energía, energía que podría usarse en otra cosa, agonizando con cada petición. Una falta de límites crea amargura, especialmente si respondes de forma inconsciente, lo que te distrae de tu propósito elegido. Tener un buen grupo de límites sanos nos libera de ofrecer al mundo nuestros talentos individuales. Llama a tu creatividad para crear estos límites; una vez que estén definidos, la gente tiende a respetarlos.

Si comienzas a cambiar tu papel de cuidador tardará un tiempo en que los demás se ajusten. Tal vez te encuentres con enojos al comenzar a decir no, pero ahí es donde te puede ayudar tu creatividad. Encontrar formas de comunicar con amabilidad que simplemente optaste por no ayudar es liberador. Mientras con más frecuencia los demás reciban esta respuesta de tu parte, menos probable será que sigan pidiéndote cosas. Incluso si te sientes cruel, en realidad estás sanando esa parte de ti que necesita ser necesitada de forma enferma. Claro que es genial ayudar cuando puedes, pero hacerlo por necesidad de sentirse apreciado no es sano.

Crear límites sanos te libera para tener más tiempo dedicado a tus búsquedas creativas. Está bien hacerte cargo de ti primero, de verdad.

80. Depurar

¿Alguna vez has dejado la compañía de alguien y te has dado cuenta que te sientes agotado o deprimido sin razón aparente? Los baños de sal de Epsom, los ramilletes de hierbas, los aceites esenciales, los cristales específicos y el incienso son algunas herramientas que podemos usar para mantener nuestro espacio limpio y claro. Es fácil absorber las energías negativas que nos hacen sentir drenados. Quienes tienden a ser extra sensibles pueden descubrirse más susceptibles a dichas energías de lo que creen.

Si dejas la compañía de aquellos cuyas energías te dejan cansado o triste de cierta forma, date cuenta y comienza a registrar si es verdad cada vez que ves a las personas involucradas. Tal vez también experimentes los mismos sentimientos negativos cuando estás en un lugar público en particular.

La próxima vez que notes que puedes estar siendo víctima de un "vampiro psíquico", date un baño de sales de Epsom, también puedes usar sales del Mar Muerto o del Himalaya. Estas sales ayudan a limpiar nuestro campo de energía, dejándonos renovados y con mucha energía. Pon una buena cantidad, tal vez dos tazas, en una tina de agua caliente y métete unos veinte minutos en ella. Algunos pueblos nativo americanos tienen un ritual llamado "limpia" para purificar el aire quemando lo que llaman sus elementos sagrados: salvia, yerba santa, cedro y tabaco. Más comúnmente usan un ramillete de salvia blanca y la queman durante rituales o en cualquier momento que necesiten limpiar las energías.

Si quieres una herramienta portátil, compra una botella de un spray que se haya formulado para limpiar el aire. Una vez estaba en una exhibición y me sentía cansada y drenada por absorber tanta energía de la gente, una mujer que vendía estas botellas me roció e inmediatamente me sentí energizada, y claro, le compré varias botellas. Normalmente el rocío incluye un líquido con diferentes cristales o aceites que son conocidos como purificadores. La cianita azul, la turmalina negra y otros cristales conocidos por mover la energía se sumergieron en un líquido en este producto en particular. También se hacen de hierbas u otros agentes purificadores.

Incluso si nuestras energías están óptimas, estamos sujetos a absorber las energías negativas de los demás. Trata de usar alguna de las ayudas mencionadas en este paso para mantener tu campo de energía limpio y claro.

81. Autonutrición

Algunos de nosotros somos generosos con los demás, pero codos con nosotros mismos. Al no darnos lo que necesitamos es menos probable que nos den ganas de ponernos creativos. ¿Te das suficiente tiempo para el placer, la recreación o las búsquedas creativas? ¿Socializas lo suficiente? Tal vez descubras que hay patrones que necesitan atención. Por ejemplo, ¿pasas seguido mucho tiempo dándoles a los demás? ¿Demasiado tiempo trabajando? ¿Es más probable que te nutras tú o a los demás?

Mis formas de autonutrirme varían. Tiendo a relajarme en algunas áreas, como no darme suficiente tiempo para el placer y la recreación, pero en otras áreas soy más amable conmigo, como al cuidar mi cuerpo físico. Nuestras necesidades individuales varían tanto que lo que me nutre a mí puede no funcionarte a ti.

Revisa tu vida y nota dónde puede haber un desequilibrio. ¿Hay partes en las que no te estás dando la atención que necesitas? Si es así, tómate tiempo para reflexionar por qué estás dejando desatendida esa parte de tu vida. ¿Darte te hace sentir culpable? De igual forma que poder recibir, autonutrirse es difícil si nos enseñan a poner a los demás primero.

Elije el área de tu vida donde las cosas estén más desequilibradas y usa este paso para encontrar formas de darte lo que necesitas. Si necesitas descansar y no te estás dando tiempo para hacerlo, escoge una película que has querido ver hace tiempo y date el lujo de gozarla. Sigue agregando algo más que se sienta invitante y nota qué pasa cuando te nutres de esta forma. Si logras hacerlo y sentirte bien, ¡hurra! Si fue una lucha, entonces tienes mucho trabajo para darte cuenta que está bien tratarte como si fueras un rey o reina. Finge que lo estás haciendo por algo más si ayuda.

Deja que este paso te invite a consentirte tanto como puedas. Puede ser difícil, pero harías lo mismo por alguien más ¿no? Que esto sea un buen paso para tus opciones creativas y de autonutrición.

82. Enseñar

Dar talleres de arte es una de mis actividades favoritas porque amo ver florecer la creatividad en mis estudiantes. Te invito a explorar qué habilidades puedes ofrecer a los demás. Se siente bien dar un servicio, poder darnos. ¿Hay formas en que actualmente practiques retribuir a tus seres queridos, comunidad o a quienes necesitan la información que les puedes dar como maestro? Es gratificante ver a alguien crecer en un área específica en la que tenemos experiencia. Cuando yo veo a una persona repetir lo que le enseñé, sé que mi trabajo está hecho. Se siente muy bien verlos lograr lo que han trabajado tanto para lograr, ¡me siento como una madre orgullosa!

Si eres un instructor por profesión, el contenido de este paso será natural para ti. Incluso si estás listo para enseñar, tus clases pueden tener material que aprendiste especialmente para tu trabajo, y tal vez tengas otras habilidades naturales que también podrías aplicar creativamente a lo que tus alumnos estudian. No necesitas habilidades especiales, solo el deseo de conocer y ayudar a alguien que pueda necesitar atención extra.

Tal vez encuentres formas inesperadas de trabajar con la gente. Por ejemplo, siendo maestra de arte, he dado por hecho que necesito trabajar con la gente en persona. Ahora me pongo creativa con el Internet y Skype. Asigno tareas basadas en fotos que mis alumnos me envían y me complace descubrir que puedo hacerles todo tipo de sugerencias para ayudarlos a avanzar. En sus tareas terminadas puedo ver qué artistas pueden ser útiles para ellos y cuándo es hora de intentar en otro medio. Empleo mucha creatividad al considerar sus próximos proyectos, todo esto como resultado de trabajar en Internet, lo que antes no había considerado.

Este paso nos recuerda ofrecer nuestra opinión donde y cuando podemos. Tu creatividad tiene mucho espacio para jugar cuando encuentras formas de compartir tu experiencia con la gente.

83. Paciencia

Yo soy impaciente por naturaleza, pero he logrado entender que la paciencia se puede cultivar. Las siguientes son algunas recomendaciones de formas creativas que he aprendido para ser más tolerante. Parte de lo que me ha ayudado es el conocimiento de que voy a:

- Lograr lo que quiero.
- Crearé algo mejor.

La clave aquí es practicar *estar presente,* no viendo hacia el futuro o quejándonos por el pasado, sino teniendo la conciencia centrada exactamente en donde estamos en este momento. Al hacerlo estamos más conscientes de los sutiles elementos de nuestro alrededor, así como lo que está pasando en nuestros cuerpos físicos. Esperar, como forma de irritación, se disuelve porque no estamos viendo "hacia delante", nuestra atención está en el momento presente.

Tal vez tengas algunas metas a largo plazo y estás impaciente por el tiempo que estás tardando en lograrlas. ¿Estás dando pasos para ir en esa dirección? ¿Has hecho un hábito de rodearte de gente que te dé ideas, inspiración o guía? Revisa cómo podrías tomar acción futura, haz algo todos los días que te acerque a tu sueño. Pasa tiempo con la gente que vive su sueño. No es productivo gastar energía estando enojado porque las cosas no están pasando lo suficientemente rápido. Cambia tu enojo por una acción positiva, incluso si es un paso pequeño. Da otro paso y continúa realizando acciones para avanzar hacia tu meta.

Cuando nuestro enfoque está en el enojo hacia una situación (incluso si es tan simple como lo lento que avanza la fila en el supermercado), gastamos energía muy valiosa. Cambia el enfoque, usa estos momentos para practicar imaginar lo genial que sería lograr una meta que llevas tiempo esperando para lograr, o ejercita tu cerebro memorizando una receta de una revista de casa y jardín. Estarás mucho más relajado cuando salgas de la tienda.

La aceptación ayuda mucho para ayudarnos a notar que no todo está bajo nuestro control. Renunciar a la necesidad de control nos ayuda a relajarnos más y estar en paz con respecto a la situación y nos abre aspectos de nuestra creatividad porque nuestra energía no está agotada.

Llama al Espíritu y pídele ayuda con tus planes, suelta y espera. Mientras cultivas el arte de esperar, pasa el tiempo productivamente tomando acciones pequeñas, pero creativas que te acerquen a tu sueño.

84. Ira

Imagina poder usar la fuerza de la ira y redirigirla hacia tus proyectos creativos. La energía de la ira es poderosa y puede usarse para la creatividad. Todos nos enojamos, la cosa es cómo lo podemos manejar mejor. Aprender a detenerte antes de actuar te da tiempo para que la carga de ira se disipe. También es útil darse un tiempo para reflexionar por qué podríamos estarnos enojando.

Tal vez estés familiarizado con la poderosa sensación de enojo dentro de tu cuerpo. Nuestro ritmo cardiaco sube, nuestra cara se pone roja, la adrenalina empieza a bombear y disparamos. Seguramente has recibido la ira de alguien más, esa fuerte e invisible fuerza que te llega como una espada psíquica a punto de cortarte, no es una sensación agradable. Cuando piensas cómo te sientes al ser el receptor de fuertes emociones negativas, puedes entender por qué puedes querer evitar expresar tu ira. Desde este punto de vista, tal vez entiendas lo importante que es poder trabajar con tu enojo para no dirigirlo hacia nadie más. Está bien tener la emoción, y está bien dejar que la otra persona sepa que estás enojado, pero no con esa fuerte energía de la ira. Haz una pausa, reflexiona, y *entonces* comparte cómo te sientes, sin la energía de estar atrapado en un "modo de reacción". Tus oportunidades de ser recibido positivamente son mucho mejores cuando te das tiempo para procesar antes de explotar.

La próxima vez que te enojes, trata de trabajar en algo que involucre tu energía creativa y ve si puedes transferir la energía a tus esfuerzos creativos. Las personas creativas entienden que el poder de la ira y el poder de la pasión son similares. Yo he creado toda una serie de pinturas llenas de enojo. Muchas de las pinturas en mi serie "Intimidad Erótica Sagrada" *(Intimacy Sacred Erotic)* se hicieron durante una residencia artística de un mes después de una ruptura. Permití que esa relación intermitente drenara energía del resto de mi vida. Liberé mucha emoción al ponerla en mis grandes lienzos y en mi pequeño diario de sueños. El acto físico de pintar permitió que la ira y el dolor salieran de mí y pasaran al lienzo, dando a las pinturas mucha de la emoción. Además de encontrar una forma de sanar el dolor y la frustración, recibí el beneficio añadido de tener una serie de pinturas muy poderosas.

No estoy sola, he tenido al menos tres alumnos en mis talleres que crean pinturas profundas y conmovedoras mientras pasan por un divorcio. Y ¿cuándo fue la última vez durante una ruptura que te conectaste con un autor de canciones que expresaba tus sentimientos en una canción de un amor fallido? Es probable que el autor haya tenido una experiencia similar, que inspiró la canción.

Usa este paso para recibir los beneficios de usar y trasmutar la ira con creatividad. Cuando agudices tus habilidades de comunicación y temples tu temperamento, todos en tu camino se beneficiarán, incluso (y sobre todo) tú.

85. Rechazo

Me he vuelto una experta en ser rechazada. Le digo a mis alumnos que por la naturaleza del artista, es muy probable que reciban rechazos más frecuentemente que aceptación. Los vendedores se han vuelto expertos en ser rechazados, pero la diferencia es que ellos no son rechazados personalmente por su arte, música, escritos, invenciones y otros proyectos creativos. El rechazo es fuerte en el ego y el corazón, sin embargo, tenemos que estar preparados para aceptar que nuestros esfuerzos no siempre serán bien recibidos por los demás. Lo importante es que hagamos lo mejor que podamos y si estamos convencidos de haber hecho un buen trabajo, eso es suficiente. En nuestra vida, todos, no solo los artistas, experimentaremos un rechazo de algún tipo, no podemos ganar siempre. Pero podemos tomar nuestra pintura y pinceles y pasar al siguiente lienzo.

El rechazo saca muchas emociones. Quizá nos sintamos heridos, avergonzados o enojados, tal vez sintamos que no somos lo bastante buenos. La realidad es que *tal vez seamos lo bastante buenos*. De seguro no sabremos las verdaderas razones de nuestros rechazos, hay muchas posibilidades de que no tengan que ver con nuestros talentos; tal vez quienes toman las decisiones que llegaron antes que nosotros, tal vez se requería un estilo diferente para cubrir necesidades demográficas. Con tantas posibilidades, sería un desperdicio de nuestras emociones lamentarnos mucho tiempo en el concepto de que no fuimos "suficientemente buenos" cuando eso podría estar muy lejos de la verdad.

Tal vez también sea verdad que, de hecho, no somos suficientemente buenos. En este caso, el rechazo puede servir como un catalizador para empezar a mejorar nuestras habilidades para ser mejor o avanzar en una dirección que se adapte mejor a nuestras habilidades. Idealmente, el Espíritu trabaja con nosotros para fortalecer nuestro delicado ego a través de los medios que estén disponibles. Si te es difícil procesar emocionalmente el rechazo, siempre existe la terapia tradicional, pero si no te interesa o no tienes el presupuesto para tomarla, puedes encontrar lecturas en las secciones de autoayuda de las librerías que hablan específicamente de este tema. La oración y la meditación también son herramientas útiles para lograr la sanación.

Con frecuencia cuando me rechazan, mi respuesta inmediata es el enojo. En ocasiones cuando veo por debajo del enojo, encuentro dolor. Cuando analizo el dolor, tomo la decisión consciente de hacerlo delicadamente de lado por el momento y usar la energía de la ira como opuesto a la emoción para poder decir "Ya verás" (a quien sea) y regresar a trabajar.

Es fácil pasar al modo víctima cuando enfrentamos el rechazo, sin embargo, cuando sucumbimos a los sentimientos de "pobre de mí/qué mal me siento", no estamos parados sobre nuestro poder, estamos dejando que las acciones de otros dicten nuestro nivel de bienestar. Usa cualquiera de las herramientas que has dominado para ayudarte a regresar al lugar de bienestar para poder regresar a la mesa de dibujo y recoger los pedazos. Yo he tenido muchos alumnos que van a mis clases de arte y que han sido dañados por otros maestros al decirles que no tenían talento o que no debían seguir buscando pasiones artísticas; y los entiendo. A mí me desanimaron mucho cuando buscaba la pintura como el enfoque de mi vida.

Si estás enfrentando el rechazo, considera cuánto quieres lograr y qué has hecho para lograrlo. Si quieres algo realmente, usa las herramientas de este paso como un reto para encontrar formas creativas de usar tus habilidades para lograr tus metas.

86. Decisiones

A mí me gusta culpar a la astrología por mi dificultad para tomar decisiones, ya que las personas del signo Libra son conocidas por tener problemas para ello, pero la verdad es que tiene que ver con el miedo. Cuando no nos comprometemos normalmente se debe a que *tememos* tomar una mala decisión. Es solo una decisión, y si el resultado es menos que satisfactorio, toma otra. Si es un "error", seguramente aprenderé algo. Al verlo de esta forma, nada se pierde en realidad, de hecho, siempre se gana algo: la lección.

Cuando tomamos una decisión la energía se libera hacia la creatividad, no estamos perdiendo el tiempo tratando de adivinar y siendo indecisos. Cuando evitamos tomar decisiones elegimos no avanzar y esto reduce las oportunidades de crecer. No hay malas decisiones, elegimos un camino y trabajamos con nuestras opciones. Yo soy experta en hablar de la dificultad con el compromiso, ha sido un reto de toda la vida.

Si actualmente estás evitando el compromiso involucrado con tomar una decisión, date tiempo para considerar los miedos relacionados con la situación. Trata de escribirlo para ayudarte a aclararlo, y se *honesto* en tu búsqueda de tu alma. Ver los factores sin prejuicios puede aclarar la situación. Evitar tomar decisiones puede ser un patrón, pero los descubrimientos llegan cuando nos arriesgamos. Normalmente no somos los únicos afectados por no comprometernos, otros pueden estar esperando nuestras decisiones. Tenía una amiga que solía llevarse el menú de cada restaurante al que íbamos para que yo tuviera tiempo suficiente para decidir que quería pedir. Obviamente no disfrutaba esperar que yo tomara una decisión, pero ¡qué solución tan creativa! A mí me parecía gracioso que lo hiciera, pero apreciaba tener el tiempo para tomar mi decisión y ver cómo mi falta de capacidad para tomar decisiones simples podría afectar a los demás.

A veces cuando tengo problemas para tomar una decisión, reviso para ver si ya analicé todo el panorama y descubro que si entiendo bien lo que estoy decidiendo tengo una oportunidad de usar mi creatividad de formas que pueden ser una solución que no había visto.

Usa esta oportunidad para hacer el hábito de entender tus dudas al tomar una decisión. Tal vez aprendas que hay algunos denominadores comunes entre las situaciones que hacen que te congeles de indecisión. Y al tratarlos puedes liberar tu energía para lograr cosas más emocionantes.

87. Hacer trabajo voluntario

Es parte de la naturaleza humana querer contribuir. Nos sentimos bien cuando les damos a los demás. Si nos es difícil encontrar tiempo o recursos financieros, podemos crear otras formas de dar o hacer trabajo voluntario. Explorar cómo podemos contribuir es un acto de creatividad en sí mismo. Podemos abrir nuestras mentes a las áreas que nos atraen y elegir formas de usar nuestras habilidades dentro de lo que elijamos.

Por ejemplo, si eres alguien que disfruta trabajar con la comida, puedes elegir trabajar en una cocina comunitaria, o puedes contactar a restaurantes locales y pedirles que donen a una o que hagan un evento para recaudar fondos. Si tienes buenas habilidades para organizar, tal vez te ofrezcas para encargarte de un beneficio en particular.

De alguna forma, sea lo que sea lo que nos moleste, pierde el poder cuando nos enfocamos en ayudar a alguien más. Poder identificar las necesidades de los demás nos ayuda a identificar más fácilmente por lo que estamos agradecidos en nuestra vida. Una de las mejores formas de elevar el espíritu es ayudar a alguien que pasa por un momento difícil. Yo he visto que si me siento muy triste y deprimida, dar a los demás ayuda a no enfocarme en mí, en lugar de ir cuesta abajo, encuentro una forma de elegir a alguien o a un grupo al que pueda donar mi tiempo y energía.

Tómate un tiempo para revisar cómo le has dado a los demás últimamente. ¿Estás dispuesto a ponerte creativo y hacerlo mejor? Si es así, ¿quién te viene a la mente y qué te gustaría hacer por esa persona? Considera lo bien que te sentiste cuando un ser querido estuvo ahí para ti cuando lo necesitaste y haz lo mismo por alguien más.

88. Llevar un diario

Llevar un diario es una excelente herramienta para desatascar la mente, dejándonos más abiertos para la inspiración creativa. Podemos usar nuestro diario para procesar nuestras ideas y emociones. *Procesar* es un término que uso para digerir y entender los eventos de mi vida. Cuando escribimos nuestros pensamientos, podemos ver mejor nuestra mente y corazón al recibir lo que escribimos. Cuando escribo de esta forma, descubro cosas que me sorprenden y me ayudan a crecer.

No tienes que tener un diario oficial para escribir en él —aunque me gusta tener uno bonito, pues me hace escribir más—. Al hacer un diario, no te censures, déjate ir y plasma tus pensamientos. La magia sucede estando vulnerables, nos liberamos para descubrir las cosas inconscientes que no sabíamos y que quizá queramos enfrentar.

Haz de esto un hábito y escribe a la misma hora todos los días si es posible. Si te sientes raro al principio y no sabes qué decir, trata de escribir como si le escribieras una carta a un buen amigo, o escribe "No sé qué escribir". Olvídate de la gramática y la ortografía, solo deja que las palabras fluyan. Si tienes problemas para tomar una decisión, escribe al respecto. Si eres escritor, llevar un diario puede ser una forma de ayudarte a mantenerte conectado con tu ritmo creativo, especialmente si estás bloqueado y necesitas tener una rutina para abrirte a la inspiración.

Después de unos días de practicar, quizá notes que tus pensamientos se vuelven más organizados y tu mente está menos caótica. Tal vez descubriste ideas que querías implementar o recordaste cosas que requerían tu atención. Yo me entiendo mejor revisando diarios viejos y viendo qué pasaba en mi vida en algún momento dado. Llevar un diario mejora la autoexpresión y nos da más libertad de expresión. Con frecuencia al revisar mis escritos, obtengo claridad y puedo avanzar. Regálate un diario que exprese tu personalidad y úsalo para liberar espacio en tu mente y dejar más enfoque para tus proyectos creativos.

89. Tablero de visión

Un tablero de visión puede ayudarte a conocer tus más profundos anhelos. Cuando sabemos cuáles son nuestros sueños es más fácil lograrlos. Disfruta de abrir tu imaginación para encontrar imágenes inspiradoras para manifestar tus deseos, descubriendo nuevas intenciones y conectándote con el Espíritu.

Piensa en tu tablero de visión como en un *collage* con imágenes u otras ayudas visuales de lo que te gustaría atraer a tu vida. La fuente más común para encontrar imágenes son las revistas, pero no hay reglas. Junta tus imágenes de donde las encuentres, tal vez imprimiéndolas del Internet si quieres buscar un tema específico. A veces a mí me funciona lo contrario, si busco una cosa, ver otras imágenes puede recordarme otra área en la que quiero poner cierto enfoque. Por ejemplo, si quieres tener una relación, usa imágenes que representen lo que quieres en la próxima que tengas... como una pareja sonriendo en la cama o haciendo un platillo juntos. Trata de ser preciso al encontrar una imagen que muestre la naturaleza de una relación que quieras, una con humor, ternura o lo que sea importante para ti.

Haz este proyecto algo divertido para ti al usar tu creatividad para que sea visualmente estimulante, solo para *ti*. Usa una base sólida y firme para crear tu *collage*, como un cartón o cartulina gruesa. No tiene que ser blanca, es tu creación, así que ¡alócate con ella! Puedes pintar en ella, hacer un *collage*, pegar objetos, escribir o lo que te emocione e inspire.

Yo tengo tableros de visión continuos en lugares que combinen con el tema, por ejemplo, un tablero de visión de mi carrera en la oficina. A veces incluso tengo más de uno. Un secreto para maximizar esta herramienta es colocarlo en lugares donde los vea con frecuencia.

Mis tableros de visión me inspiran y me recuerdan estar pendiente de dar los pasos que necesito para cumplir mis metas. A veces, verlos me hace sentir bien y esperanzada, sabiendo que tengo claro lo que deseo. Usa la creatividad para construir un tablero que exprese lo que desea tu corazón. Esta es una excelente herramienta para mantener encendida la llama de la esperanza y para enfocarte a medida que avanzas hacia la vida que quieres crear.

90. Leer

Leer hace que fluya la mente y puede inspirarnos a descubrir nuevos sueños al permitirnos visitar culturas y lugares que pueden atraernos de formas que no habíamos imaginado. A veces yo uso mi material de lectura como inspiración para mi arte y en formas instructivas para mis alumnos que también pueden inspirar mi creatividad.

Divido mi lectura entre "material serio" para aprender algo (autoayuda, biografías, historia) y ficción. Ambos estilos cargan mi creatividad. Siempre elijo ficción ubicada en un periodo diferente o en una cultura, para que, incluso entonces, aprenda algo y/o vea imágenes en mi mente. Me encanta cuando estoy tan intrigada que no puedo esperar para seguir leyendo, eso es un gran libro.

Me fascinan las opciones de las personas para leer, dicen mucho de ellas. ¿Sabes qué tipo de material te atrae más? ¿Sabes por qué te atraen esos temas?

¿Has notado si lo que lees te afecta? Por ejemplo, si estoy muy involucrada en un libro, descubro que mis sueños se ven afectados de cierta forma por el material, ya sea el tema, la sensación, el lugar, u otras cosas. Reconoce cómo lo que lees puede entrar en otras áreas de tu vida. ¿Te descubres teniendo conversaciones al respecto? ¿La forma en que te vistes refleja lo que estás leyendo? Ambas cosas me han pasado. ¿Te cambia la perspectiva o te dan ganas de escribir, pintar, decorar, inventar o incluso hacer un nuevo platillo con base en lo que lees?

Trae tu conciencia a cómo tus lecturas influyen en otros segmentos de tu vida. Acepta mi reto y da un paso más para experimentar crear algo deliberadamente después de leer.

91. Crear altares

Además de pintar, los altares son mi oportunidad favorita de disfrutar mi creatividad. Usa altares como herramientas tridimensionales adicionales para expresar las intenciones de lo que deseas crear y como representaciones de lo que es sagrado para ti. Puedes construir altares artísticamente para propósitos específicos como sanar, atraer el amor y crear prosperidad, igual que crear un tablero de visión. Usa el poder de la intención para construir hermosos altares que te inspiren y mantengan fuerte tu fe.

Querrás hacer de tu sitio sagrado un lugar que te invite a rezar y a la devoción. Frente a mi altar es cuando más formalmente me conecto con el espíritu en mis meditaciones. Ponte creativo al seleccionar una tela adecuada para el altar. Esto puede ser elaborado o simple, de nuevo, no hay reglas. En algunas tradiciones un altar tiene al menos un artículo que representa cada uno de los cuatro elementos. Yo incluyo los elementos en cualquier altar que hago. Por ejemplo, puedes colocar una concha o un tazón con agua para representar el elemento agua. Una vela representaría el fuego, una pluma, el aire y un cristal podría representar el elemento tierra. Tal vez tengas una figura de una deidad que sea importante para ti, tal vez un Buda, o María Magdalena o Yemayá. Puedes poner fotos de tus seres queridos o casas similares a la que te gustaría encontrar, imágenes que representen relaciones, trabajos ideales, buena salud, etc. Deja volar tu imaginación y piensa tan grande como sea posible para crear este altar sagrado que es únicamente tuyo.

Tal vez la religión con la que naciste apoya el uso de altares y estás acostumbrado a ellos. Si tus relaciones con los altares no son positivas, aprovecha esta oportunidad para usarlos de una forma altamente personalizada para beneficiarte. Tal vez elijas tener un altar central en un sitio importante que incluya todos los elementos en los que te estás enfocando o puedes construir varios, específicos para cada tema, como carrera, casa, o relación. También recomiendo cambiar tu altar cuando cambie tu enfoque.

Los altares te ayudan a combinar tu creatividad con tu conexión con el Espíritu. Disfruta construir un hermoso centro en el que enfoques tus sueños.

92. Celebrar tus creaciones

¿Te permites alegrarte por tus creaciones? ¿Puedes aceptar que estas creaciones son únicamente tuyas y que sin un "tú" no existirían? Si no te regocijas en lo que creas ¿por qué? ¿Juzgas tus creaciones? ¿Crees que no son tan buenas o que alguien más podría hacerlas mejor? ¿O te enseñaron que no está bien enorgullecerte de tus logros, que uno siempre debe ser humilde? Es muy probable que entres en una de estas categorías.

Revisa lo que has logrado, grande o pequeño, y visualiza cómo estas creaciones han sido enriquecedoras para ti. Si estás siendo duro contigo y criticas los resultados de tus esfuerzos, date cuenta que aunque seguramente pueden mejorar, es probable que hayas dado el máximo en ese momento. Siempre habrá alguien más competente, más organizado, más talentoso, etc. Compararte con otros no es productivo. Si te enseñaron a ser demasiado humilde, considera que aunque quienes te enseñaron no tenían mala intención, es correcto sentirte bien por lo que sea que hayas creado. Cuando me alejo de una pintura que he terminado, quiero tener ese sentimiento de: "¡wow, hice un gran trabajo!". Esto me da una sensación de satisfacción, y me siento bien de mostrarlo a otros.

Celebro mis nuevas pinturas haciendo una fiesta a finales de cada año. Cuando terminé mi libro *Fuera de las líneas (Outside the Lines)* algunos amigos me hicieron una fiesta. Fue como un *baby shower,* con algunos rituales para honrar el nacimiento de mi libro. Fue muy dulce y me ayudó a darme cuenta que me merecía una fiesta después de tanto trabajo.

La celebración nos ayuda a darnos cuenta que es maravilloso poner todos nuestros talentos en algo, después de todo, nadie más lo hubiera hecho *de esta forma.* Celébrate y celebra tus logros.

93. ¡Baila!

No me importa si bailo bien o si piso a mi compañero, si estoy bailando, estoy feliz. Me doy cuenta que no todos somos tan desinhibidos, pero te invito a lanzarte a la pista de baile a descubrir si puedes experimentar la alegría que yo siento con cada movimiento y con la música. No siempre fui tan libre al bailar; recuerdo haber estado en una boda con mi hermano y hermana y cada uno de ellos comentaba algo negativo de mi forma de moverme. Por años después de eso dudé bailar frente a los demás, pero hace poco conocí a alguien que le encantaba bailar hasta que le pasó algo similar, y ahora sigue luchando para obligarse a bailar. Se requiere tiempo para sentirse cómodo frente a otros. Para mí, la diversión siempre ha valido la pena, además de elevar mi ánimo, bailar también ayuda con la coordinación y la gracia, lo que no es mi fuerte. Los últimos años he estado haciendo zumba (ejercicio aeróbico inspirado en el baile latinoamericano que también incorpora el belly dance y el hip hop). Salgo de mis sesiones contenta y energizada.

Si la música te hace sentir maravillosamente, trata de usar el baile como una forma de liberar la tensión, mantenerte en forma y estar de buen ánimo. Bailar nos prepara para aventuras creativas. El baile libre es una excelente oportunidad de expresar la creatividad. No hay reglas en este tipo de baile... solo sentir la música y permitir a tu cuerpo expresarse como quiera, sin miedo, sin juicios. Tal vez necesites practicar, pero a mí me alegra diseñar movimientos que vayan con lo que escucho.

Podemos usar el baile para cambiar nuestra energía, inspirar nuestras palabras, mejorar nuestra coordinación o nuestras formas de arte. Soy conocida por llevar mi cámara a espectáculos de baile para tomar fotos para integrar a mis pinturas. Su ropa, posturas y la luz, me han inspirado para algunos trabajos.

Usa este paso para inspirarte, dejar atrás tu timidez y moverte. Ve cuánto puedes presionar tu creatividad usando el cuerpo como vehículo de la expresión.

94. Movimiento físico

Nuestro cuerpo, mente y espíritu están conectados, es un hecho bien documentado que el ejercicio libera endorfinas de "bienestar" en nuestro sistema. Muévete, especialmente cuando te sientas triste. Mis experiencias con los problemas de espalda me enseñaron que con frecuencia estos están relacionados con el estrés. Considera cuántos elementos estresantes de tu vida pueden estar relacionados con los problemas físicos que tienes. El yoga y el ejercicio son formas excelentes de liberar la tensión del cuerpo.

Yo siempre he sido activa y hago todo tipo de ejercicio, sin embargo, he descubierto que el yoga y las artes marciales tienen más beneficios al experimentar un sano equilibrio entre el cuerpo y la mente. Aunque me encanta bailar, los pilates y otros tipos de ejercicios, para mí, el yoga es lo mejor por los beneficios mentales que recibo. Si lo has practicado, entiendes la sensación de bienestar después de una sesión de yoga. Yo tiendo a sentirme más calmada y abierta de forma difícil de describir si no lo has vivido.

Tal vez la idea de doblarte en forma de pretzel te ha alejado del yoga, pero hay muchas escuelas de yoga que son muy sutiles, y puedes ir a tu ritmo. Encontrar la clase y el maestro correctos es muy importante si estás empezando con esta actividad. Las artes marciales, como el Tai Chi y el Qi Gong son también maravillosas para fortalecer la conexión entre el cuerpo y la mente. Otro beneficio agregado, si decides tomar algún tipo de clase, o si vas a un gimnasio, es que te conectarás con personas con ideas parecidas a las tuyas. He conseguido buenos amigos como resultado de reunirme con algunas personas regularmente, tal vez por la mañana temprano a compartir cómo va nuestra vida. Platicamos de lo difícil que nos fue obligarnos a ir al gimnasio o alberca tan temprano porque tenemos muchas cosas que hacer, o cuánto nos duele el cuerpo por la última sesión. Mezclar la amistad con el ejercicio hace que las cosas sean más divertidas.

Tengo amigos que no hacen ejercicio, pero juegan tenis o usan kayaks. Cuando estamos contentos nuestros cuerpos lo reflejan y se sienten bien. Cuando nuestros cuerpos se sienten bien, se libera más energía para crear más. Usa este paso como inspiración para encontrar actividades físicas que promuevan buscar una mejor conexión entre tu cuerpo y mente, y hazlas regularmente.

95. Feng shui (espacio sagrado)

Incluso si no conocemos las bases del feng shui, el antiguo arte chino de colocar las cosas para tener una vida óptima, podemos dejar volar nuestra imaginación al emplear algunos principios simples. Las siguientes son algunas soluciones directas para preparar nuestro espacio y atraer la prosperidad, el amor, la familia o lo que estemos buscando.

Podemos usar algunos principios básicos del feng shui para mejorar todas las áreas de nuestra vida y sin estudiar completamente este arte.

- Limpieza
- Mantener libre de desorden
- Color y luz
- Belleza

Observa a tu alrededor (incluyendo tu casa, jardín, trabajo y otros lugares donde pases mucho tiempo) y revisa cómo se expresan los principios mencionados arriba en tu espacio.

La mayoría de nosotros nos sentimos bien en un ambiente limpio y sin desorden. ¿Te estás dando el tiempo para asegurarte que tus entornos en el hogar y el trabajo estén limpios? Si te molestas por no hacerlo, estás gastando energía que se podría usar mejor en tus proyectos creativos. Si sientes que no tienes suficiente tiempo, crea formas *continuas* de mantener un espacio más limpio, como sacudir las superficies una vez al día, comprometerte a guardar la ropa al final del día, o lavar los trastes cada noche. Si estás convencido que trabajas bien en el desorden, sigue haciéndolo. Sin embargo, si dudas un poco, trata de hacer una limpieza general para ver cómo funcionas en un ambiente más organizado.

Hacer tu espacio tan bonito como sea posible es un vehículo excelente para ejercitar tus músculos creativos. Procura usar tantas fuentes de luz natural como sea posible al no bloquear las ventanas con muebles y mantener las superficies de trabajo bien iluminadas. El color tiene un impacto importante en tu ánimo, así que toma decisiones conscientes para que tus espacios sean invitantes, coloridos y relajantes. El sonido puede ser relajante, piensa agregar una pequeña fuente a tu espacio de trabajo.

Si estas simples ideas del feng shui te funcionan y te sientes inspirado, puedes estudiar el antiguo arte o contratar a un asesor. Juega con él para inspirarte o usa más creatividad al hacer que tus entornos te conduzcan a *todos* tus esfuerzos creativos.

96. Naturaleza

A lo largo de la historia los creativos han encontrado que la unidad con lo Divino en el mundo natural es una fuerza que los impulsa en su trabajo. La naturaleza es un lugar donde uno puede conectarse fácilmente con el Espíritu. Yo siempre me siento más cerca de Él cuando estoy en el mar o en el bosque.

¿Cuál es *tu* lugar en la naturaleza? ¿Eres una persona de playa? ¿La pureza de una cascada te hace sentir vivo? Yo tengo algunos amigos que se sientan junto a los lagos y arroyos locales a escribir. Considera algunos de tus sitios favoritos. ¿Has notado alguna relación entre ellos y algo que hayas creado o tu momento como creador? Tal vez hayas elegido una paleta de colores para una habitación que decoraste sin darte cuenta que los colores se basaron en ese lugar.

Ser una pintora me lleva al exterior para hacer algunos de mis trabajos creativos. Me encanta estar en contacto con el viento, el agua, los sonidos y los aromas de la naturaleza mientras pinto. Conectar el mundo natural con mis esfuerzos creativos es una bendición, no hay nada mejor que poder crear al aire libre. Termino pagando el precio a veces, el viento vuela mis papeles, o la lluvia amenaza con deslavar mis fotos, o mi espalda duele por estar sentada en superficies duras y disparejas, pero normalmente estoy tan contenta y enfocada con mi trabajo, que no me importa. Tenía un amigo músico que solía venir y tocar la guitarra mientras yo pintaba en lugares hermosos, ¡doble placer!

Incluso si no estoy pintando en sitio, la naturaleza es una constante fuente de inspiración. Tomo fotos para guardar imágenes y tenerlas a la mano si necesito un tipo específico de nube u ola, u otra maravilla natural. También me es suficiente ver una hermosa escena para querer salir y pintarla. La belleza es la raíz de mucha de mi inspiración, la belleza abunda en el mundo natural y alimenta mi creatividad.

Pasea en el exterior y experimenta cómo la naturaleza te puede acercar más a tu experiencia de lo Divino. Cuando hayas hecho la conexión, debes saber que cada vez que estés bloqueado creativamente, puedes regresar a un lugar que te inspire para recargar tus pilas de creatividad.

97. Empoderamiento

¿Te imaginas un mundo lleno de personas creativas empoderadas? ¡Qué inspirador! ¿Cómo se empodera una persona? Cuando sabemos lo que queremos y estamos dispuestos a hacer lo necesario para lograrlo, estamos en el camino.

Este paso es similar al 92 "Celebrar tus creaciones" pero da otro paso al ayudarte a adueñarte de tus habilidades como forma de estar en tu poder. Muchas mujeres aprendieron que es amable o educado restarle importancia a sus dones. La humildad, en este caso, no hace ningún bien. Imagínate si todos los artistas, músicos y creativos negaran al mundo lo que tienen que compartir. Nos perderíamos todas esas creaciones. Cuando tengas claras tus fortalezas, toma la decisión consciente de usarlas como y cuando puedas. De esta forma, beneficias también a los demás. Todos somos estrellas brillantes.

El empoderamiento requiere que tomemos acción con confianza para ser quienes somos y romper cualquier restricción autoimpuesta que evite que vivamos con confianza y con un propósito. A veces es difícil pararnos en nuestro poder porque temporalmente nos salimos del camino, tal vez debido a una pérdida o al rechazo. Si este es el caso, pregúntate esto: ¿Qué puedo hacer para recuperar mi bienestar? Yo comienzo con la meditación como un primer paso porque me regresa el equilibrio. Para ti puede ser hacer ejercicio para recibir endorfinas o compartir tus sentimientos con un amigo cercano. Mientras más pronto te encargues de tus sentimientos de desorden, más fácil te será recuperarte. Regodearnos en nuestro dolor y ansiedad no nos sirve.

Cuando llegamos a un punto máximo y hemos dominado algo, es probable que haya quien quiera tirarnos del pedestal, pero cuando estamos realmente empoderados, no necesitamos que alguien nos diga que así es, seguimos avanzando con confianza. Es verdad que al principio de mi carrera no tenía confianza en mi trabajo y en que tendría éxito, así que me esforcé, aprendí lo que pude de mis maestros y ahora he llegado al lugar donde sé que mi trabajo es fuerte aunque no le guste a ciertas galerías o proyectos. Para llegar del punto A al punto B requerí mucho tiempo y esfuerzo.

Considera lo siguiente:

1. ¿En qué áreas de tu vida creativa te sientes con más confianza?
2. ¿Estás usando tus talentos en esta área? Si es así, ¿cómo lo estás haciendo?
3. ¿Sabes que tal vez podrías acelerar tu proceso? Sabrás cuando hayas llegado adonde quieres estar por tu nivel de confianza.

Al estar empoderados, somos dueños de nuestros talentos e inspiramos a los demás. Mantente fuerte y siente el poder de ser dueño de tus talentos. ¡Brilla!

98. Amor propio

Cuando nos sentimos bien con quienes somos y evitamos usar energía para sabotearnos, somos más felices y es más fácil que emprendamos proyectos creativos. ¿Eres demasiado duro contigo mismo? Las mujeres especialmente tienden a ser muy autocríticas, y la autocrítica inhibe la creatividad. Si estamos ocupados enfocándonos en lo que está mal con nosotros, o en el trabajo, ¿cómo podemos sentirnos bien para crear? Hay técnicas simples que te pueden ayudar a convertir en un hábito ser gentil y amoroso contigo y darte un impulso creativo.

Da un paso atrás y analiza si sientes o no que mereces quererte. Las tendencias han cambiado, pero en mi generación a muchos nos enseñaron a amar a otros pero no pensar demasiado bien de nosotros mismos. En mi experiencia con mujeres en terapia, a muchas de nosotras nos parece difícil sentir amor por nosotras mismas como sentimos por los demás.

Aquí algunas herramientas que me parecen especialmente útiles:

1. Haz una lista de las cualidades que ves en ti mismo. Tal vez necesites alejarte y fingir que eres

alguien más observándote. Si de todos modos te es difícil, pídele a alguien cercano que comparta qué le gusta de ti. Cuando hayas hecho tu lista, tómate un momento e imagina un rocío de luz blanca y dorada alrededor de una imagen de ti mismo mientras dices en voz alta cada cualidad tuya que admiras. Respira profundo mientras vez esta dulce imagen de ti mismo y aprecia estas características. Continua así mientras recorres la lista.

2. Elige una imagen aleatoria de una versión más joven de ti y envuelve a esta persona en una cobija rosa suave y cómoda. Pídele lo que quisieras o necesitas e imagínate desde tu lugar actual en el tiempo dándole un cálido abrazo y dándote exactamente lo que necesitas. Ah... ¿no se siente bien?

Puedes ajustar esta visualización para adaptarse mejor a tus intereses particulares. El punto es envolverte en todo el empalagoso y dulce amor que te gustaría transmitir a un recién nacido o un cachorro. Llama esta visualización cuando te sientas dudoso o solo, o cuando necesites darte un poco de cariño extra.

Este paso nos recuerda amarnos. Revisa tu "monitor de amor propio" frecuentemente para estar pendiente de cualquier crítica que pueda querer entrar. Usar el amor propio es un hábito para abrazar la belleza de quien realmente eres sin comparaciones, juicios o críticas, lo que te llevará a una mayor aceptación y a una vida más creativa. Querrás toda tu energía para tus búsquedas creativas.

99. Amor incondicional

Este podría ser mi paso favorito, ¿por qué? Porque me siento bendecida cuando me llevo a mí misma a un lugar de amor incondicional. Cuando nos conectamos con el Espíritu, es más fácil poder sentir amor incondicional. Desde un lugar de amor puro, podemos tocar una mayor aceptación y perdón. La difícil práctica de amar a quienes no nos caen bien o con quienes tenemos problemas puede ayudarnos a desarrollar nuestra capacidad de salir desde un lugar de amor. Si podemos dominar sentir amor por quienes no nos caen bien, mantener este estado del ser con toda la gente se vuelve una segunda naturaleza.

La creatividad entra en juego cuando imaginamos una relación diferente con quienes nos es difícil amar. Desde ahí, expandimos nuestra visión o capacidad de llevar el amor más allá del presente.

Hace muchos años tuve un incidente que cambiaría mi vida para siempre. Mi jefe me desagradaba mucho y tuve un sueño de que tenía un infarto y se moría. Fue al trabajo al día siguiente y supe que había tenido tres infartos seguidos y estaba grave en el hospital. Temí haber sido responsable, consulté a una mujer que se había vuelto mi mentora espiritual y me explicó que yo era clarividente, que no le había provocado ningún daño a este hombre, pero que debía aprender a ir al lugar de amor incondicional para poder amar a mis enemigos.

¿Amar a mis enemigos? ¡Qué *cliché*! Esto requirió algo de práctica, pero aprendí cómo ir al centro de mi corazón y ver a esta persona no por su personalidad, sino tocar más profundo en su alma, para darme cuenta que están haciendo lo que vinieron a hacer, detonarme. Incluso cuando su comportamiento me afecta a mí y a los demás de lo que al principio puedo percibir como una forma negativa, en realidad es un regalo que me da la oportunidad de aprender a aceptar y a amar a esa persona a nivel del alma.

VISUALIZAR EL AMOR INCONDICIONAL

Trabajar con la siguiente *visualización* durante la meditación puede ser útil:

Comienza llamando a tus guías espirituales o ángeles usando un método cómodo para ti. Sintonízate con tu corazón, antes de elegir a alguien con quien tengas un problema, será más fácil enfocarte en alguien de tu círculo familiar o de amigos a quien te sea más fácil amar. Conéctate con tus sentimientos de amor por quien estás imaginando, cuando estés "ahí", cambia suavemente a la persona con la que tienes problemas. Imagina un rayo de luz brillando desde tu corazón al de ella. Tal vez ya estés experimentando cariño por ella. Intensifica estos sentimientos al imaginar luz blanca, rosa y dorada alrededor de los dos. Disfruta esta luz hasta que sientas que tu corazón y el de ella se conectan. Expande este sentimiento de amor hacia el mundo, brillando hacia donde tú elijas. Cuando estés bien inmerso en amor y luz, llama la imagen de alguien con quien tengas problemas e inclúyelo en tu esfera.

Si descubres que te resistes a estar en este lugar de amor con esa persona, regresa al centro de tu corazón y de nuevo despide un rayo de luz de tu corazón al suyo.

Usa tu creatividad para encontrar imágenes o pensamientos que te ayuden a conectarte con esa alma de forma que encuentres más aceptable (por ejemplo, imagina a la otra persona como bebé o niño pequeño). Recuérdate que esta persona está haciendo lo que vino a hacer, *a un nivel del alma, no de la personalidad,* detonar todo lo que se debía detonar para llamar la atención a las áreas que se deben sanar. Agradece a esa persona por ser quien es y por detonarte de forma que puedas encontrar tu camino para sanar la herida que tocó. Imagina unas cuerdas de energía que se pueden haber formado entre ustedes dos en esta sesión llevando tu energía de nuevo hacia ti.

¡Imagina si todos en el mundo diéramos nuestro mejor esfuerzo para amar y aceptar de esta forma! Esto no es fácil, pero será más fácil con la práctica. Usa tu creatividad en este paso para encontrar formas de hacer una conexión de corazón, incluso con quienes te parece difícil.

Conclusión

Te he dado muchas emocionantes formas de aumentar la conciencia y aplicar y usar la intuición en tu proceso creativo además de darte ideas para aplicar los principios espirituales para mejorar tu conexión individual con el Espíritu. Estos rituales y actos, algunos de rutina, y otros deliberados, abastecen mis horas de insomnio y me preparan para recibir la inspiración durante mis sueños. A través de estas suaves vistas y no vistas acciones, encuentro mi mayor alegría y felicidad. Al mostrarte estos secretos desde mi lienzo de artista y más allá, mi deseo es que tu lectura de *99 pasos para una vida creativa* se use para descubrir los muchos aspectos ocultos de tu alma, corazón y cuerpo que apoyan tu naturaleza creativa.

Para mí, la espiritualidad y la creatividad siempre están conectadas. En los pasos anteriores te ofrecí algunas formas que he descubierto para permitir la máxima oportunidad para que el impulso creativo viva *a través* de mí cada día. No obtuve este conocimiento de la noche a la mañana, me llegó por medio del uso de una vida de esta información. Si te parece demasiado, te sugiero que trabajes con un par de pasos a la vez, intégralos a tu vida, después agrega más a tu caja de herramientas creativas. Diseñé este libro para que los lectores puedan tomar una sección a la vez, jugar con lo que los atrae y/o trabajar en cosas a su ritmo como individuos. Te invito a experimentar con algunos de estos pasos y divertirte incorporándolos para crear.

Sé paciente y suave contigo mientras avanzas y exploras tu proceso creativo. Como recordatorio del paso 85, el rechazo es un derivado natural de ser creativo. Si alguna de tus ideas no es aceptada o recibida de la forma que quieres, no te desesperes, sigue avanzando, un pie frente al otro. Si permites que las opiniones u opciones de otros detengan tu flujo creativo y entusiasmo, les estás dando tu poder. Mantente fiel a lo que quiera surgir. La alegría que sentirás de ser libre para soltar y crear es tu recompensa. Las tendencias a dejar tus proyectos debido a una respuesta negativa o nula son viejos patrones que ya no te sirven. Regocíjate de tu decisión de permitir un mayor flujo de la energía de la fuerza de la vida en tu vida actuando de acuerdo a tus necesidades creativas.

Alinearte con las herramientas espirituales que te hablen, te ayudará a reforzar cada paso. Incluso si no eliges avanzar con más enfoque en tu creatividad, al seguir conectándote con el Espíritu tendrás las herramientas en la punta de los dedos para permitirle a un mayor flujo de tu creador interno bailar hacia la fábrica de tu vida.

Ha sido un reto toda mi vida encontrar formas de vivir fuera de la estructura laboral típica del horario oficinista. No estoy hecha para ese tipo de rutina, así que tuve que ponerme creativa sobre cómo vivir como artista y tener el estilo de vida que me funcione. Te invito a leer más sobre cómo lo he hecho en *Pintando fuera de las líneas: La vida de la artista psíquica Melissa Harris [Painting Outside the Lines: The Life of Psychic Artist Melissa Harris]*. Tal vez no necesites vivir de ser artista, pero hagas lo que hagas diariamente será beneficiado de abrir tu cofre del tesoro interno.

Ser invitada a escribir este libro ha sido un honor. Ha sido una labor de amor examinar exactamente cómo integro la creatividad en todas las áreas de mi vida, a veces en lugares que originalmente daba por hecho. En un mundo en el que tenemos una falta de creatividad, es agradable ser validada de esta forma. Si quieres estar en contacto conmigo, suscríbete para recibir mi boletín en www.melissaharris.com

Estos pasos para la creatividad tienen el poder de llevarte a un nuevo nivel de inspiración, felicidad y alegría. Tú también puedes abrir la puerta a una vida más creativa ¡Hazlo!

RECURSOS RECOMENDADOS

- Access Consciousness [Acceso a la Conciencia] es un sitio web que ofrece 2,000 herramientas que puedes usar para cambiar cualquier cosa en tu vida y crear mayores posibilidades: www.accessconsciousness.com
- Visita el sitio web de Eckhart Tolle para entender cómo vivir el momento presente: www.eckharttolle.com
- La técnica de liberación emocional (tapping) es una combinación de acupresión de la antigua China y la psicología moderna que te da formas de mejorar tu salud, riqueza, relaciones, felicidad y más. Nick y Jessica Ortner ofrecen guía para estás técnicas: thetappingsolution.com
- Gaiam TV-Transforming Network [Red de Transformación] ofrece acceso a muchas técnicas y herramientas para el cuerpo, mente y creatividad espiritual: gaiamtv.com
- 600+ artículos gratuitos para inspirar el bienestar, la creatividad, la exploración, activar la sanación y la alegría: www.gatherinsight.com/freeinsights
- The Global Coherence Iniciative [Iniciativa Global de Cohesión] es un proyecto creativo basado en la ciencia lanzado por el Instituto de HeartMath, una empresa de las 501 (c)(3) sin fines de lucro y reconocida globalmente, líder en la investigación de la fisiología emocional, las interacciones del corazón y el cerebro, y la fisiología de la salud y el desempeño óptimo: www.glcoherence.org

- Healing with the Masters [Sanando con los maestros] – videos y podcasts gratuitos sobre muchas áreas de sanación con diversos facilitadores inspiradores: healingwiththemasters. com
- High Springs Emporium— rocas y minerales de todo el mundo. Piedras raras, herramientas metafísicas y gemas. Clases, cristales para feng shui y sanación con la propietaria Sharron Britton: highspringsemporium.net
- Susun Weed – Salud natural, medicina herbal y recursos de sanación espiritual: herbshealing.com
- Melissa Harris Art Enterprises ofrece obras de arte inspiradoras y visionarias, calendarios, con libros y mazos de cartas que incluyen: *Painting Outside the Lines: the Life of Psychic Artist Melissa Harris; Anything is Possible: Activation Card Deck; Goddess on the Go;* mazos de cartas de afirmación hechas por Sophia Marashinsky con arte de Melissa Harris: www.melissaharris.com
- The Pathwork Lectures, canalizadas por Eva Pierrokis, contienen poderosas herramientas para vivir de forma consciente y responsable: pathwork.org
- Ricard, Matthieu. *Happiness: A Guide to Developing Life's Most Important Skill [Felicidad: Una guía para desarrollar la habilidad más importante de la vida]* Nueva York, Brown and Company, 2007.
- Spirit Voyage [Viaje espiritual] ofrece herramientas e información, incluyendo yoga, meditación y música sagrada: www.spiritvoyage.com

Sobre Melissa Harris

Como artista y psíquica publicada internacionalmente, Melissa Harris ha dedicado su vida a la creación de imágenes que celebran la vida, el amor, la belleza, la naturaleza y la magia. Es receptora de la Beca Fulbright de pintura y también tiene una licenciatura en bellas artes y una maestría en pintura.

Buscada por sus habilidades intuitivas y artísticas, Melissa viaja por todo el país dando talleres y clases de arte y de creatividad y haciendo sus populares Retratos de la Esencia Espiritual, pinturas únicas que combinan sus habilidades artísticas y psíquicas. Sus originales pinturas se pueden encontrar en numerosas colecciones públicas y privadas. Como empresaria, ofrece originales y reproducciones de su trabajo, así como toda una línea de tarjetas y productos realizados por su compañía editorial, Creatrix. Estos productos incluyen el mazo de cartas *Todo es posible (Anything is Possible)* de Creatrix (también con licencia para Koppenhol en Holanda) y su autobiografía *Pintando fuera de las líneas: La vida de la artista psíquica*

Melissa Harris (Painting outside the lines: the life of psychic artist Melissa Harris), un libro a todo color que muestra setenta y ocho de sus pinturas. Su arte ha sido mostrado en muchos libros, portadas de CD y calendarios, así como en el mazo *Diosa trabajando (Goddess on the Go)* y el calendario de pared de 16 meses *Todo es posible (Anything is possible)*. Sus imágenes siguen inspirando a las personas de todas las edades a emprender un viaje a la Feminidad Divina y encontrar sus sagrados sueños.

Melissa disfruta salir al mundo y conectarse con la gente. Es una popular exponente en festivales, ferias comerciales y conferencias. Encontrarás sus pláticas sobre creatividad, realización de talleres y cuadros de sus Retratos de la Esencia Espiritual en estas conferencias, así como en tiendas de regalos y centros holísticos, incluyendo el Instituto Omega. Con miles de clientes en todo el país, Melissa viaja de su casa, en las afueras de Woodstock, Nueva York, a Arizona, California, Colorado, Minnesota, Virginia, Massachusetts, New Hampshire, Pensilvania, Maine, Florida y Hawái. Para más información sobre Melissa, y para comprar cualquiera de sus productos, visita www.melissaharris.com